Prestel-Museumsführer

Alte Nationalgalerie
Berlin

Prestel
München · London · New York

3. korrigierte Auflage 2002

Redaktion: Bernhard Maaz

Photos: Christian Ahlers, Jörg P. Anders, Reinhard Friedrich, Klaus Göken, Andres Kilger, Bernd Kuhnert, Karin März, Gerhard Murza, Werner Zellien, Jens Ziehe, Zentralarchiv der Staatlichen Museen, alle Berlin

Umschlag:
Adolph Menzel, »Das Balkonzimmer«, 1845 (vgl. S 67)

Prestel Verlag
Mandlstraße 26, D-80802 München
Tel.: 0 89/38 17 09-0
Fax: 0 89/38 17 09-35

Die Deutsche Bibliothek – CIP-Einheitsaufnahme

Ein Titeldatensatz für diese Publikation ist bei der Deutschen Bibliothek erhältlich.

Gestaltung: zwischenschritt, München
Lithos: Fotolito Longo, Bozen
Satz: Mega-Satz-Service, Berlin
Druck und Bindung: Passavia Druckerei GmbH, Passau

Printed in Germany
ISBN 3-7913-2578-7

Alte Nationalgalerie
Staatliche Museen zu Berlin – Stiftung Preußischer Kulturbesitz
Bodestraße 1–3
10178 Berlin
Tel.: 0 30/20 90 50 und 20 90 58 01
Fax: 0 30/20 90 58 02 und 20 90 58 17

Geöffnet
täglich außer montags
10 bis 18 Uhr

Museumspädagogik/ Besucherdienst
Auskünfte über Gruppenführungen
Tel.: 0 30/20 90 55 55 und 20 90 55 56
Fax: 0 30/20 90 55 02

Öffentliche Führungen
sonntags 11 Uhr (14tägig)

Sprechstunde zur Begutachtung
von Gemälden und Skulpturen nach Anmeldung
10 bis 12 Uhr

Die Staatlichen Museen zu Berlin – Preußischer Kulturbesitz präsentieren sich im Internet:
www.smb.spk-berlin.de

Sollten Sie häufiger die Alte Nationalgalerie besuchen, empfehlen wir Ihnen, Mitglied im »Verein der Freunde der Nationalgalerie« zu werden. Über die vielen Vorteile einer Mitgliedschaft informiert Sie der

Verein der Freunde der Nationalgalerie
Rankestraße 21
10789 Berlin
Tel.: 0 30/2 14 96 187
Fax: 0 30/2 14 96 100

Inhalt

Die Alte Nationalgalerie

Der Name und das Gebäude

Die Nationalgalerie auf der Museumsinsel beherbergt eine der bedeutendsten Sammlungen zur Malerei und Skulptur des 19. Jahrhunderts. Zugleich ist sie seit ihrer Eröffnung 1876 ein faszinierendes Monument deutscher Geschichte, der politischen ebenso wie der deutschen Kunst- und Geistesgeschichte.
Schon der Name »Alte Nationalgalerie« ist das Ergebnis jüngster politischer Ereignisse. Denn die Wiedervereinigung hat Berlin auch zwei Nationalgalerien beschert. Im Tiergarten-Viertel im Westteil befindet sich die 1968 von Mies van der Rohe errichtete »Neue Nationalgalerie«, ein Meisterwerk moderner Baukunst. Seit der Vereinigung und der damit ermöglichten Neuordnung der Sammlung werden die Bestände der Nationalgalerie zum 20. Jahrhundert nun in dem Bau von Mies van der Rohe gezeigt, wobei die aktuelle Kunst im ständigen Wechsel im »Hamburger Bahnhof – Museum für Gegenwart Berlin« zu sehen ist, der in der Nähe des Reichstages genau zwischen Alter und Neuer Nationalgalerie liegt. Weitsichtig hat Mies van der Rohe an seinem Bau im Tiergarten die Inschrift »Neue Nationalgalerie« angebracht. Damit war nach der Wiedervereinigung das Stammgebäude auf der Museumsinsel als die »Alte Nationalgalerie« definiert. Aber nicht nur im Namen, sondern auch in seiner Architektursprache hat sich Mies van der Rohe mit seinem auf einen Sockel gestellten Tempel deutlich auf die Alte Nationalgalerie bezogen. 1865 von dem Schinkel-Schüler Friedrich August Stüler entworfen, wurde die Alte Nationalgalerie nach Stülers Tod durch den Hofbaumeister Johann Heinrich Strack in den Jahren 1866 bis 1876 ausgeführt. Die Tempelgestalt des Gebäudes geht auf einen Entwurf König Friedrich Wilhelms IV. zurück. Als dilettierender Architekt ebenfalls ein Schüler Karl Friedrich Schinkels, hatte der König für das Zentrum der von ihm begründeten Museumsinsel ein Vorlesungsgebäude mit Festsaal in Gestalt eines hochgestellten antiken Tempels geplant. Dahinter steht als architektonische Uridee Schinkels Plan für einen Palast auf der Akropolis in Athen (1834) und früher noch der Entwurf seines Lehrers Friedrich Gilly von 1796 für ein Denkmal Friedrichs des Großen als eines frei gestellten Tempels, der auf einem hohen Sockelbau der Alltagswelt entrückt ist.
In diesem Sinne überragt auch die aufgesockelte Nationalgalerie feierlich den von Kolonnaden umschlossenen »heiligen Bezirk« der Künste und Musen der Berliner Museumsinsel. Die romantische Idee vom Museum als »ästhetischer Kirche« kommt in diesem hoch aufgerichteten Kunsttempel im korinthischen Stil ebenso zur Anschauung wie das nationale Pathos und die Prachtliebe der Gründerzeit. Zu Recht hat man die mit der damals üppigen Summe von drei Millionen Mark erbaute, durchweg in Nebraer Sandstein ausgeführte Nationalgalerie als ein Monument des reich gewordenen Preußen und seines kulturellen Führungsanspruches im deutschen Kaiserreich bezeichnet. Die aufwendige, kaum je benutzte Freitreppe wird pathetisch bekrönt von Calandrellis nach Gustav Blaesers Entwurf gegossenem Reiterstandbild Friedrich Wilhelms IV., des Romantikers auf dem Thron Preußens und kunstliebenden Begründers der Museumsinsel zugleich. Die über dem Denkmal des Königs weithin sichtbare Giebelinschrift »DER DEUTSCHEN KUNST 1871« bezieht das Gebäude auf die erst während seiner zehnjährigen Bauzeit erlangte politische Einheit der deutschen Nation durch die Reichsgründung im Jahr 1871. Zudem ist das Haus mit dieser Inschrift als Ruhmestempel der deutschen Kunst bestimmt. Entsprechend erscheint im Giebelfeld die Personifikation der Germania als Schutzpatronin der Künste. Oben auf dem Giebel stehen die von dem Bildhauer Rudolf Schweinitz geschaffenen Statuen der drei Schwesterkünste Malerei, Bildhauerei und Architektur.

Die Alte Nationalgalerie nach der Grundinstandsetzung, 2000

Zur Geschichte der Sammlung
Im bemerkenswerten Gegensatz zum politischen und patriotischen Dekor des Gebäudes, der im Inneren mit Otto Geyers Fries zur deutschen Kulturgeschichte im Treppenhaus sich fortsetzt, im bemerkenswerten Gegensatz zu der damit propagierten Verherrlichung des preußischen Königshauses als Hüter der deutschen Kunst ist die Sammlung der Nationalgalerie tatsächlich aus einer bürgerlichen Schenkung hervorgegangen. 1861 hatte der Berliner Bankier und Konsul Joachim Heinrich Wilhelm Wagener seine Sammlung von 262 Gemälden in- und ausländischer Künstler aus der ersten Hälfte des 19. Jahrhunderts dem preußischen Thronfolger Prinz Wilhelm, dem späteren König und Kaiser Wilhelm I., vermacht. Wageners Wunsch war, daß seine Stiftung durch den Staat vermehrt werden möge, »um so zu einer nationalen Galerie heranzuwachsen, welche die neuere Malerei auch in ihrer weiteren Entwicklung darstellt«. Wagener zeigt sich damit beeinflußt von der seit der bürgerlichen Revolution von 1848 immer wieder erhobenen Forderung der Künstler nach staatlicher Förderung in Gestalt einer Nationalgalerie, die zeitgenössische Kunst kaufen und sammeln soll.

Mit der Annahme der Stiftung Wagener war Preußen in den Besitz der umfangreichsten Sammlung zeitgenössischer Kunst gelangt, die damals in Deutschland existierte. Sie enthielt einige Hauptwerke von Caspar David Friedrich, Schinkel und Gaertner, zumeist jedoch bürgerliche Genre- und Historienbilder aller wichtigen deutschen Kunstzentren des 19. Jahrhunderts, bevorzugt von Künstlern aus Berlin, Düsseldorf und München. Aber auch österreichische, belgische, französische und skandinavische Maler waren in der Sammlung Wagener vertreten. Bei Annahme der Schenkung hat der preußische König höchst öffentlichkeitswirksam diese sofort um zeitgenössische Werke aus seiner eigenen Sammlung bereichert. Ferner ließ er zur Bekräftigung preußischer Vormachtsansprüche

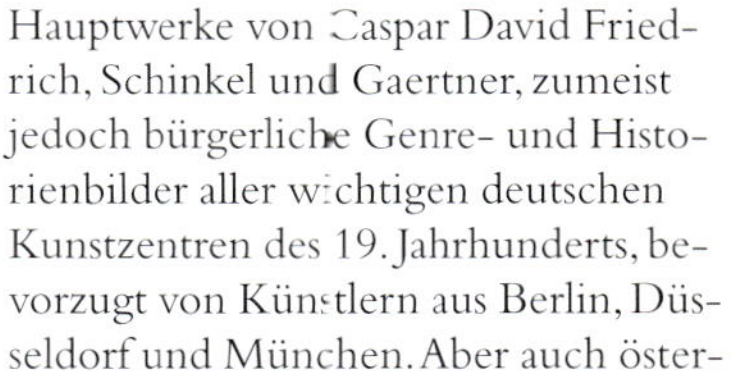

Ansicht der Neuen Nationalgalerie

unverzüglich die Errichtung des von seinem Bruder Friedrich Wilhelm IV. einst geplanten Aula- und Festsaalgebäudes auf der Museumsinsel als Unterbringungsort der Nationalgalerie beschließen. Die erst während der Bauzeit erreichte politische Einheit Deutschlands war also im Museumsbau der Nationalgalerie vorweggenommen.
Dies erklärt auch den Enthusiasmus für weitere Stiftungen und Ankäufe. So konnte Max Jordan, der erste kunsthistorisch ausgebildete Direktor der Nationalgalerie, unmittelbar vor deren Eröffnung Adolph Menzels »Flötenkonzert« sowie dessen 1875 vollendetes »Eisenwalzwerk« als das damals modernste Werk der Sammlung erwerben.
Doch weder Jordans wichtige Neuerwerbungen von Menzel, Böcklin und Feuerbach noch die bürgerlichen Genre- und Historienbilder der Sammlung Wagener standen im Zentrum der an des Kaisers Geburtstag, am 21. März 1876, feierlich eingeweihten Nationalgalerie. Vielmehr waren die beiden, damals noch durch zwei Geschosse sich erstreckenden riesigen Mittelsäle belegt mit den Kartons von Peter Cornelius, monumentalen Vorzeichnungen für seine mythologischen und biblischen Wandfresken in München und Berlin. Geehrt durch eine überlebensgroße Büste in der Apsis wurde Cornelius, 1840 von München nach Berlin berufen, mitsamt der idealen Linienkunst seines verspäteten Nazarenertums in den Hauptsälen der Nationalgalerie zum Inbegriff kaiserlicher Staatskunst erhoben.
Kaum eröffnet, war die Nationalgalerie bereits wieder zu klein. Alle weiteren Erwerbungen, für die eine »Landeskunstkommission« zuständig war, die von den Professoren der Preußischen Kunstakademien in Berlin, Düsseldorf und Königsberg majorisiert wurde, vergrößerten nur diesen Platzmangel.
Hieraus resultierte der ständige Konflikt, welche Kunst die Nationalgalerie aufnehmen sollte. Nachdem Max Jordan zermürbt seinen Abschied genommen hatte, eskalierte dieser Dauerstreit unter Hugo von Tschudi zu einem wirklichen Skandal. 1896 zum Direktor der Nationalgalerie berufen, reiste Tschudi wenige Monate nach Amtsantritt mit Max Liebermann nach Paris und erwarb dort sogleich Manets »Wintergarten«, ein Hauptwerk des französischen Impressionismus, für die Nationalgalerie. Tschudi begann damit eine atemberaubende Ankaufskampagne moderner französischer Kunst mit Werken von Manet, Monet, Degas, Cézanne, Renoir und Rodin, Künstler, die bisher in keinem anderen Museum vertreten waren.
Das Ausmaß dieser Provokation ermißt man angesichts der Inschrift am Giebel der Nationalgalerie. Mit ihr war das Gebäude der deutschen Kunst gewidmet, und die Jahreszahl 1871 verknüpfte die Einheit des Reiches mit dem Sieg über die Franzosen. Für Tschudi war die Inschrift hingegen eine Aufforderung, in der Nationalgalerie all das zu sammeln, was der deutschen Kunst förderlich war, und das sah er in der Malkultur der modernen französischen Kunst mit Manet als Höhepunkt erreicht. 1897 wagte er die erste Neuordnung der Nationalgalerie. Er gruppierte seine Neuerwerbungen in den Nachbarräumen der Cornelius-Säle. Damit hatte Tschudi die Nationalgalerie erstmals vom patriotischen Kunsttempel in ein internationales Kunstmuseum verwandelt, dessen einziges Kriterium die künstlerische Qualität war.
Tschudis Verwandlung der Nationalgalerie zum führenden Museum der Moderne rief heftige Reaktionen hervor. Angesichts der bis in den preußischen Landtag fortgesetzten Kunstdebatte besuchte Wilhelm II. im April 1899 die Nationalgalerie. Als König von Preußen war er der oberste Dienstherr der noch immer Königlich Preußischen Nationalgalerie. Nach seinem Besuch verfügte Wilhelm II., daß die Neuerwerbungen nicht mehr an so prominenter Stelle gezeigt werden sollen, daß sämtliche Umhängungen Tschudis wieder rückgängig zu machen und alle Erwerbungen für die Nationalgalerie einschließlich aller Schenkungen von ihm zu genehmigen seien.
Von diesem kaiserlichen Erlaß ließ Tschudi sich keineswegs entmutigen.

Vielmehr erwarb er fortlaufend unter Umgehung der »Landeskunstkommission« und der von ihr verwalteten staatlichen Etats Werke der Moderne mit Hilfe von privaten Mäzenen, zumeist Kunstfreunden des jüdischen Großbürgertums. Für diese von ihm auf Vorrat gekauften Werke benötigte Tschudi allerdings die Zustimmung des Kaisers, sie als Geschenke in die Nationalgalerie aufnehmen zu dürfen. Dafür wußte er die Gunst des Kaisers zu erlangen, etwa durch spektakuläre Ausstellungen wie im Jahr 1906 die sogenannte »Jahrhundert-Ausstellung deutscher Kunst«. Mit ihr wurde erstmals die deutsche Kunst von 1775 bis 1875 in ihren besonderen Leistungen vorgestellt. Dies führte zur Wiederentdeckung der deutschen Romantik. Caspar David Friedrich, Carl Blechen, aber auch Leibl und der junge Menzel wurden zum ersten Mal zureichend gewürdigt und durch staatliche Sondermittel von Tschudi in höchster Qualität erworben.

Durch eine Intrige des Kaisers kompromittiert sowie durch die Mißgunst des damaligen Generaldirektors Wilhelm von Bode behindert, ging Tschudi unter Mitnahme aller seiner auf Vorrat gekauften Bilder, darunter Hauptwerke von van Gogh und Gauguin, 1909 nach München, wo er Direktor der heutigen Bayerischen Staatsgemäldesammlungen wurde. Vergeblich versuchte der Kaiser, seinen künstlerischen Ratgeber, den Berliner Akademiedirektor und Historienmaler Anton von Werner, als neuen Direktor der Nationalgalerie durchzusetzen.

Nachfolger Tschudis wurde vielmehr Ludwig Justi. Er vollendete Tschudis Verwandlung der Nationalgalerie von einem »patriotischen Bilderspeicher« zu einem internationalen Kunstmuseum. Justis Umbau der Nationalgalerie, von ihm in mehreren Denkschriften 1910 formuliert, bestand zunächst ganz pragmatisch in Einbauten im ersten Ausstellungsgeschoß. Hinter der Querhalle, noch heute ein idealer Raum für die Marmorskulpturen, befand sich eine dunkle, nur schwer zu nutzende Säulenhalle. Sie wurde von Justi durch Einbau-

Zweiter Cornelius-Saal mit der Cornelius-Büste von August Wittig, vor dem Umbau, 1907

ten zu einer Abfolge von Kabinetten umgestaltet. In ihrem Dekor zwischen Runge-Ranken und Jugendstilanmutungen changierend, waren Justis Räume, heute meist irrtümlich der Erstausstattung zugerechnet, besonders für die mittleren und intimen Formate von Böcklin, Leibl und Menzel geeignet. Weit umfassender jedoch war Justis Umbau der Nationalgalerie in konzeptioneller Hinsicht. Es gelang ihm, die Nationalgalerie dem Preußischen Kultusministerium, also einer parlamentarisch kontrollierten Instanz, zu unterstellen. Ferner vermochte er, die berüchtigte »Landeskunstkommission« aus Künstlern, die stets nur Erwerbungen nach ihrem akademischen Geschmack zuließen, durch eine kunsthistorisch versierte Ankaufskommission zu ersetzen. Und schließlich wurde Justi gestattet, die zahlreich erworbenen patriotischen Historien- und Schlachtenbilder in das Zeughaus und andere Militärmuseen zu überführen.

In dem Unter den Linden gelegenen Kronprinzenpalais, das nach dem Ende des Ersten Weltkrieges und des preußischen Herrscherhauses leer stand, präsentierte Justi 1919 die Kunst der Gegenwart. Im Obergeschoß sah man Werke van Goghs und die damals bei weitem beste Sammlung des deutschen Expressionismus. Heftig diskutiert und attackiert, unter anderem von den einstigen Weggefährten Tschudis wie Max Liebermann und Karl Scheffler, war der Kampf um die Moderne weiterhin ein Kampf um die Nationalgalerie. 1937 wurde diese Diskussion von den Nationalsozialisten abrupt beendet. Die modernen Bestände der Nationalgalerie wurden als »entartet« beschlagnahmt

Die Friedrichswerdersche Kirche, Blick von Südwest nach Abschluß der Restaurierungsarbeiten, 2000

und das Kronprinzenpalais geschlossen. Mit Ausbruch des Krieges, vom 1. September 1939 an, war die Nationalgalerie nicht mehr zugänglich. Die Bestände verbrachte man 1940 in die Berliner Flaktürme am Zoo und in Friedrichshain. Im März 1945 wurden 400 Werke erster Qualität in den Bergwerken von Merkers im Werragebiet und Grasleben im Harz geborgen und gelangten so nach Kriegsende in den Westen. In den Kellern der in den letzten Kriegsmonaten teilweise zerstörten Nationalgalerie verblieben die Skulpturen und die großformatigen Gemälde.

Zur Gliederung der Sammlung

Die Alte Nationalgalerie wurde in den Jahren zwischen 1998 und 2001 durch eine grundlegende Instandsetzung im Eingangsbereich großzügig umgestaltet. Ein entscheidender Gewinn für die Sammlung war, daß das dritte Ausstellungsgeschoß nunmehr zwei große und moderne Säle mit Tageslicht besitzt, in denen künftig Hauptwerke von Caspar David Friedrich und Karl Friedrich Schinkel präsentiert werden.
Beibehalten und zudem noch intensiviert wurde gleichzeitig auch die Aufstellung der Berliner Plastik aus der ersten Hälfte des 19. Jahrhunderts in der Friedrichswerderschen Kirche, wo sich viele der Bildwerke auf Schinkel als den führenden Berliner Architekten beziehen und in einem der schönsten Innenräume Berlins stehen.
Seit der Wiedereröffnung gibt es den bereits bis 1998 mit der provisorischen Aufstellung erprobten Rundgang in der Alten Nationalgalerie. Er beginnt im 3. Obergeschoß mit der Kunst der Goethezeit, bedingt durch die Vorgabe der dort installierten Fresken der Nazarener aus der Casa Bartholdy in Rom. Auf dem obersten Treppenabsatz ist das Marmorgrab Schadows für den Grafen Alexander von der Mark aufgestellt, eines der Hauptwerke des europäischen Klassizismus. Der Schwerpunkt des 3. Geschosses liegt auf der Kunst der Romantik und des Biedermeier.
Im Mittelgeschoß, dem piano nobile, hängen – wie einst von Tschudi erhofft – in der Sichtachse der Mittelsäle die französischen Impressionisten. Davor sind im ersten Mittelsaal die ›Deutschrömer‹ zu sehen, d. h. Böcklin, Feuerbach und Hans von Marées, links und rechts davon die von den Franzosen inspirierten deutschen Künstler, also Leibl und sein Kreis auf der linken und Liebermann und Uhde auf der rechten Seite. Werke der Salonmalerei sowie der unterschiedlichen deutschen Schulen verdeutlichen im Sinne der Gleichzeitigkeit des Verschiedenen die Vielfalt der Kunst zwischen 1850 und 1880.
Im ersten Ausstellungsgeschoß bilden die Skulpturen des europäischen Klassizismus in der Marmorhalle einen idealen Kontrast zu den realistischen Tendenzen der Malerei von 1850 bis zum Jahrhundertende. Am Beginn steht Courbet, im Zentrum Menzel mit einem einzigartig reichen Bestand. Die Werke des offiziellen Wilhelminischen Geschmacks und der Berliner Sezession beschließen den Rundgang. Am Ende, mit Blick auf Rauchs »Victoria« in der Sichtachse, wird der Symbolismus des Fin de Siècle gezeigt mit dem von Edvard Munch inspirierten »Sterbezimmer« des frühen Max Beckmann. Eine Nachbarschaft, die Utopie und Desillusion des 19. Jahrhunderts vereint.

Peter Klaus Schuster
Direktor der Nationalgalerie und Generaldirektor der Staatlichen Museen

Gemälde und Skulpturen des 19. Jahrhunderts

Die Verfasser der Werkkommentare:

Andrea Bärnreuther	*AB*
Claude Keisch	*CK*
Bernhard Maaz	*BM*
Karin Schrader	*KS*
Birgit Verwiebe	*BV*
Angelika Wesenberg	*AW*

Johann Gottfried Schadow
(1764–1850)

Doppelstandbild der Prinzessinnen Luise und Friederike von Preußen, 1795–97
Marmor, 172 x 88 x 59 cm
Aus dem Berliner Stadtschloß

Das Doppelstandbild der Kronprinzessin Luise und der Prinzessin Friederike von Preußen ist ein Höhepunkt des europäischen Klassizismus. Erstmals wurden zwei weibliche Porträts lebensgroß als Doppelstandbild ausgeführt, Porträts von Personen also, denen kein Anspruch auf Verewigung durch Verdienste als Herrscher oder Feldherrn zukam. Mit abwartender Entschlossenheit blickt Luise in die Ferne, ihren zukünftigen Aufgaben als Königin entgegensehend. Friederike lehnt sich an die Seite der älteren Schwester; halb gedankenvoll, halb kokett vor sich hinträumend, nimmt sie den um die Schulter gelegten Arm und greift mit empfindsamer Geste deren Hand: Geschwisterliche Gemeinsamkeit, charakterliche Unterschiede und verschiedene Lebensbestimmungen klingen gleichermaßen in dieser anmutigen Gruppe an. *BM*

Johann Gottfried Schadow
(1764–1850)

Weibliche Gewandfigur,
um 1811–17
Ton, gebrannt, 33,5 x 14,5 x 10 cm
Erworben 1888 von Eugenie Schadow

Die hoch aufragende weibliche Gestalt wendet den Kopf über die Schulter und enthüllt dem Blick ihre reifen Formen. Als Pendant zu dieser Figur gestaltete Schadow einen kompositorisch gegenläufig konzipierten Jüngling am Opferstein. Beide Gestalten sind energisch modelliert, in den Körperpartien vergleichsweise fein duchgearbeitet, in den Gesichtszügen, den Händen und dem gelockten Haar hingegen bloß skizzenhaft angelegt: Die Verfeinerung dieser Partien sollte der nie realisierten Umsetzung in den großen Maßstab vorbehalten bleiben. Die rhythmisch schwingenden Silhouetten der aufeinander bezogenen Körper werden von nur flüchtig modellierten Gewanddrapierungen begleitet. *BM*

Johann Gottfried Schadow
(1764–1850)

Ruhendes Mädchen, 1826
Marmor, 34 x 95 x 38 cm
Erworben 1865

Als Schadow in den 1820er Jahren kaum noch Aufträge erhielt, modellierte er das »Ruhende Mädchen«. Diese Statuette sollte nicht nur Schadows letzte Marmorarbeit werden, sondern war zugleich

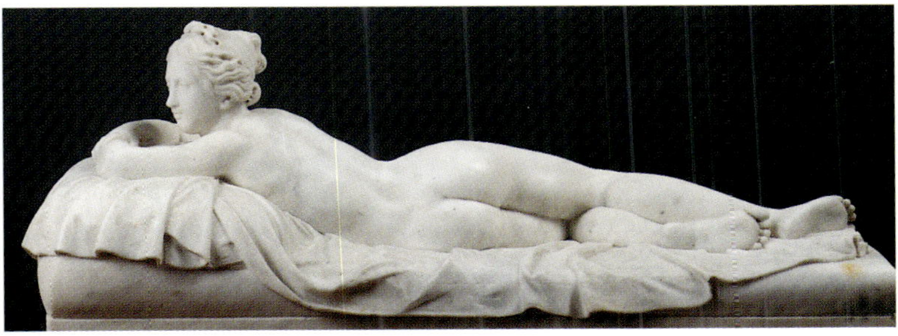

angelegt als glanzvolles Resümee seines Lebenswerkes, in dem sich Schadows künstlerische Grundsätze auf vollkommene Weise vereinigen: Gegenüber klassizistischen Antikenzitaten – hier eine Bezugnahme auf den antiken Hermaphroditen – überwiegt der lebensnahe Realismus, der sich in der Wiedergabe der Stofflichkeit findet, etwa bei der geradezu tastbar scheinenden weichen Modellierung der Haut. Die verschraubte Körperhaltung erzeugt ein spannendes Wechselspiel von lockender Hinwendung und kühlem Abwenden, ein Spiel von Versprechung und Entzug. *BM*

Johann Gottfried Schadow
(1764–1850)

Selbstbildnis, um 1790–94
Ton, gebrannt, 41 x 22 x 25 cm
Erworben 1917

Mit behutsam geöffnetem Mund, aufmerksamem Blick und leichter Kopfwendung schaut Schadow auf sein Gegenüber. Das hermenartige, unbekleidete Bruststück ist betont klein gehalten und erweist sich als zeitlos. Lediglich durch den angedeuteten Zopf auf der Rückseite erkennt man, daß der Künstler dem späten 18. Jahrhundert – der Zopfzeit – angehörte. Doch die Schauseite des Bildnisses zeigt über der lichten Stirn das in lockeren Büscheln fallende Haar in seiner natürlichen Erscheinung. Der Künstler war, als dieses realistisch durchgebildete und von ungeheurer Plastizität bestimmte Selbstbildnis entstand, noch keine dreißig Jahre alt, doch er gehörte als preußischer Hofbildhauer, der in Rom erste Triumphe gefeiert hatte und in Berlin an großen Aufträgen wie dem Brandenburger Tor und der Bauplastik im Schloß arbeitete, bereits zu den führenden Meistern seiner Zeit. Aus dem Bildnis lassen sich jene Schadow eigene jugendliche Verve und seine geniale Mischung aus heiterer Klarheit, tatkräftiger Bestimmtheit, geistiger Regsamkeit und elementarer Erdverbundenheit herauslesen. *BM*

Johann Gottfried Schadow
(1764–1850)

Grabmal des Grafen Alexander von der Mark, 1788–90
Marmor, Höhe 623 cm, Breite 370 cm
Dauerleihgabe der Dorotheenstädtischen Kirchgemeinde

Sowohl in die Tiefe gestaffelt als auch in mehrere übereinander liegende Zonen gegliedert, baut sich das architektonisch angelegte Grabmal des jung verstorbenen Grafen Alexander von der Mark, eines illegitimen Sohnes Friedrich Wilhelms II. von Preußen, um die lebensgroße liegende Figur des schlafenden Jünglings auf. Der Knabe hat seinen Helm abgelegt, das Schwert entgleitet der Hand. Er ist, den Auffassungen Lessings und Herders entsprechend, entspannt ruhend dargestellt. Ein Gewandzipfel leitet den Blick zum Hauptrelief an der Vorderseite des Sarkophages, das zeigt, wie Saturn den heranreifenden Jüngling aus den Händen der Minerva reißt und in die Unterwelt führt. Minerva, die Göttin der Wissenschaften und der Kriegskunst, hingegen versucht vergeblich, ihn zu locken und seiner

eigentlichen, durch Schild und Trophäe versinnbildlichten militärischen Laufbahn zuzuführen. An den Schmalseiten des Sarkophages finden sich gemäß damaliger Auffassung die Genien des Schlafes und des Todes, die den Gegensatz zwischen endlicher und unendlicher Ruhe, zwischen Leben und Tod harmonisieren. In der oberen, halbrunden, flachen Nische sitzen die drei Parzen, jene Göttinnen, die das menschliche Schicksal bestimmen: Die jugendliche Klotho spinnt den Lebensfaden, die greise Atropos schneidet ihn durch – woran Klotho sie vergeblich zu hindern versucht – und Lachesis liest im Buch des Schicksals. So sind das menschliche Leben wie der Tod eingebunden in eine höhere Schicksalsbestimmung, der sich das Individuum nicht zu entziehen vermag.

BM

Antonio Canova
(1757–1822)

Hebe, 1796
Marmor, 160 x 65 x 85 cm
Erworben 1878

Mundschenkin der Götter und Göttin der Jugend, schwebt Hebe, das linke Bein ins Leere vorsetzend, anmutig von einer Wolke herab. Als ein Sinnbild holder Gastlichkeit reicht sie mit feminin aufgefaßter Geste des Einschenkens den Trank ewiger Jugend. Die weich fließenden Linien des Körperschwunges, dessen Eleganz durch die zarte Marmorhaut noch gesteigert wird, enden in den Gefäßen, die durch den Kontrast ihrer metallisch glänzenden Härte die Transparenz des Marmorkörpers betonen. Hebe ist mit einem fein plissierten Gewand bekleidet, das im Gegenwind um die Beine spielt und die Körperformen mehr betont denn verbirgt. Der Oberkörper zeigt mädchenhafte, wie unter einem Trikot summarisch zusammengefaßt wirkende Formen. Canovas Kunst steht am Ende einer Tradition, in der der dekorativen Gefälligkeit des Ganzen größere Bedeutung beigemessen wurde als der strengen Prägnanz der Einzelformen und in der die Darstellung transitorischer und unplastischer Momente wie das Schweben und der Wind noch – im Sinne barocker Darstellungen – künstlerisch legitim war.
Als Bildhauer genoß er um 1800 höchsten Ruhm in ganz Europa, rührte er mit seinen Gestalten doch an den Nerv des Zeitalters der Empfindsamkeit.

BM

Bertel Thorvaldsen
(1768–1844)

Eros bei Anakreon, 1823
Marmor, 53 x 68 x 7 cm
Erworben 1941

Das Sujet dieses intimen Reliefs, von dem mehrere geringfügig abweichende Repliken existieren, hat Thorvaldsen dem 41. Anakreontischen Lied entnommen. Dort berichtet der ergraute Dichter von einem nächtlichen Besuch, den ihm der vom Regen durchweichte Liebesgott Amor gemacht habe. Nachdem dieser sich aufgewärmt hatte, probierte er an seinem wohlmeinenden Gastgeber schelmisch Pfeil und Bogen aus, »ob die Sehne nicht vom Regen schlaff geworden«, um sich dann mit spöttischen Worten von dem vom Pfeil der Liebe verwundeten alten Dichter zu entfernen: »Siehst du, guter Wirt, wie glücklich! / Unbeschädigt ist mein Bogen, / Doch dir wird das Herz erkranken.«
Thorvaldsen faßt alle Motive des Gedichtes zusammen, pointiert jedoch den Moment von Amors naiv-listigem Abschied. Dessen schönliniger, kindlicher Körper bietet sich dem Blick dar, während der lorbeerbekränzte, in seine Toga gehüllte Alte seitlich abgewandt auf dem Lager hockt. Das Werk bezeugt Thorvaldsens strenge Reliefauffassung, in der sich kraftvolle Plastizität mit deutlicher Bindung an die Fläche, große gestalterische Klarheit der Konturen mit der kleinteiligen Ausarbeitung dekorativer Detailformen verbinden und die souveräne Beherrschung der technischen Ausführung einem sensiblen Vortrag dient. *BM*

Alte Nationalgalerie, Querhalle im ersten Ausstellungsgeschoß, Raum von 1876

Anton Raphael Mengs (1728–1779)

Selbstbildnis, um 1773/74
Öl auf Holz, 90,5 x 74,5 cm
Erworben 1941

Der mit Johann Joachim Winckelmann, dem Begründer der Archäologie, befreundete Dresdener Hofmaler Mengs, der jahrzehntelang in Rom und Madrid in der täglichen Anschauung antiker Kunstwerke arbeitete, trug sowohl durch seine Gemälde als auch durch Lehre und theoretische Äußerungen dazu bei, die Normen des Klassizismus schulbildend zu formulieren. Sein stolzes Selbstbildnis zeigt ihn in dieser Doppelrolle, schaffend und lehrend, mit Zeichenutensilien und in dozierender Geste. Er wendet sich energisch und mit modernem Künstlerstolz dem unsichtbaren Gegenüber zu. In der ausgreifenden Gestik und der plastisch modellierenden, steilen Lichtführung klingen noch barocke Traditionen an. *BM*

Francisco José de Goya y Lucientes (1746–1828) zugeschrieben

Der Maibaum, um 1808/12
Öl auf Leinwand, 82,7 x 103,5 cm
Erworben 1903 als Geschenk von Friedrich Alfred Krupp

Das folkloristische Motiv des Maibaum-Festes, bei dem um die Wette an der glatten Stange des Maibaums hochgeklettert wird, um Viktualien zu erobern, hatte Goya schon 1787 für einen Gobelin-Entwurf gewählt. Ein Vierteljahrhundert später, im Schatten der psychischen Verdüsterung des Malers und des

Spanischen Unabhängigkeitskrieges, ist es nur noch Anlaß für die Darstellung eines Massengedränges in gewittriger Dämmerung, aus der das einer Festung ähnliche Haus ragt. Die Farbe ist stellenweise mit dem Spachtel aufgetragen. Orte von solch düsterer Größe, unruhevolle Menschenmengen und Hinweise auf die Macht der Kirche (hier das Kruzifix auf der Brücke) sind für Goyas spätes Œuvre charakteristisch. Doch er hatte Gehilfen und bald auch Nachahmer, und die Eigenhändigkeit dieses Bildes wird mit guten Gründen angezweifelt. *CK*

Anton Graff (1736–1813)

Selbstbildnis mit Augenschirm, 1813
Öl auf Leinwand, 65 x 51 cm
Erworben 1887

Der schweizerisch-deutsche Bildnismaler Anton Graff war bereits in Augsburg, München und Regensburg erfolgreich, als er 1766 als Hofmaler nach Dresden berufen wurde. 1789 erhielt er eine Professur für das Porträtfach an der dortigen Akademie. Er war seinem Amt nach der Bildnismaler des sächsischen Adels. Zugleich wurde Graff mit seinen einfühlsamen, tonig gehaltenen Porträts von Gelehrten, Philosophen und Künstlern zum wichtigsten Bildnismaler der Aufklärung. Die neuen Freundeskreise der Empfindsamkeit waren seinem Genre günstig. Es fanden sich zwei größere Auftraggeber: Johann Wilhelm Ludwig Gleim ließ Bilder für einen »Freundschaftstempel« in seinem Haus in Halberstadt malen, und der Leipziger Buchhändler Philipp Erasmus Reich richtete sich nach diesem Vorbild eine Galerie berühmter zeitgenössischer Dichter und Denker ein. Für Reichs Gelehrtengalerie porträtierte Graff 1771 in Berlin Moses Mendelssohn, Gotthold Ephraim Lessing, den Dichter Karl Wilhelm Ramler sowie den Philosophen und Ästhetiker Johann Georg Sulzer, der wenig später sein Schwiegervater wurde. Sulzer war Verfasser einer »Allgemeinen Theorie der Schönen Künste«, in welcher dem Porträt eine große Bedeutung beigemessen wurde. Als Spiegel der Seele stand es in der Hierarchie der Themen nun an vorderer Stelle. Anton Graff hat nach eigenen Angaben weit über tausend Bildnisse gemalt. Die Entwicklung von über fünfzig Jahren ist an ihnen ablesbar: vom barock-dekorativen Bildnis hin zur Konzentration auf das Antlitz unter dem Einfluß der Theorien von Lavater und Sulzer bis zu einer erneuten Hinwendung zum Ganzfigurenbild um 1800. Graff malte in jeder Schaffensperiode auch Selbstbildnisse, insgesamt weit über fünfzig. Mit einem Selbstbildnis hatte er sich 1766 erfolgreich in Dresden beworben, und noch im Todesjahr 1813 entstanden zwei Selbstporträts. Die späten Bildnisse, der zunehmenden Erblindung abgetrotzt, zeigen eine überraschende Freiheit und Intensität, und sie sind malerischer aufgefaßt als jemals zuvor. *AW*

Gottlieb Schick (1779–1812)

Bildnis der Heinrike Dannecker, 1802
Öl auf Leinwand, 119 x 100 cm
Erworben 1934

Heinrike Dannecker, die Frau des Stuttgarter Hofbildhauers Dannecker, sitzt bildparallel auf einer Bank vor weithin ausgebreiteter Landschaft. Die in großem Bogen zusammengefaßte Silhouette grenzt die Dargestellte ab vom Unendlichen des lichtblauen Kosmos. Mit ungezwungener Natürlichkeit wendet sie sich zum Betrachter hin: Als sei ihr die Störung der sinnenden Naturbetrachtung willkommen, hat sie den Kopf erhoben und lädt ein, an ihrer genießenden Kontemplation teilzuhaben. Die Blumen in der Hand knüpfen die Verbindung zur Natur. Doch dies verbirgt den programmatischen Zeitbezug nicht, verweist doch der Farbklang der Kleidung auf die französische Trikolore. So ergänzen sich das Momentane der Geste, das Historische des Zeitbezuges und das Zeitlose des kosmischen Naturzusammenhangs. *BM*

Eugène Delacroix (1798–1863)

Sitzender weiblicher Akt (Mademoiselle Rose), um 1820
Öl auf Leinwand, 81,5 x 65 cm
Erworben 1986

Nach diesem Modell zeichnete und malte Delacroix mehrmals zwischen 1817 und 1824. Der kubische Sitz, die (ungemalte) Stütze des erhobenen Armes, der neutrale dunkle Raum sind Kennzeichen der zweckfreien Studie. Von antiken Klischees unbeeindruckt, erforscht Delacroix die sinnliche Erscheinung des Modells und im besonderen das perlmuttene Schillern des Inkarnats. Zu diesem Bild berichtet ein Zeitgenosse, der junge Maler

habe, Rubens und Rembrandt nacheifernd, an dem Modell noch ungekannte Flächen und Farbtöne entdeckt und den Freunden erklärt, jetzt könne er malen! *CK*

Philipp Otto Runge (1777–1810)

Frau und Söhnchen des Künstlers, 1807
Öl auf Leinwand, 97 x 73 cm
Erworben 1932 als Geschenk von Félicie Runge

Drei Jahre nach der Hochzeit mit Pauline Bassenge entstand 1807 dieses Bildnis. Sowohl Runges realistischer Blick auf die Figuren als auch die Landschaftsgestaltung offenbaren seine Suche nach einer neuen Formensprache. Pauline, den zweijährigen Sohn Otto Sigismund im Arm, strahlt eine gewisse Strenge und Würde aus. Hier hat sich der Künstler wohl am Stil spätgotischer Madonnenskulpturen orientiert. Die unvollendet gebliebene Landschaft im Hintergrund vermittelt Runges romantische Naturvorstellung. *BV*

Caspar David Friedrich (1774–1840)

Mönch am Meer, 1808–10
Öl auf Leinwand, 110 x 171,5 cm
Aus dem Berliner Stadtschloß

Zwei Jahre arbeitete Friedrich an diesem Gemälde, das sein berühmtestes werden sollte. In klarer, seine Zeitgenossen erschreckender Einfachheit ist das Bild horizontal in die drei Elemente Land, Meer und Himmel geteilt. Bloßen Hauptes steht ein Mönch am Ufer. Möwen umflattern ihn. Vor dem Einsamen liegt in bleierner Schwärze das unermeßlich weite Meer. Die grauen Wolkenschleier über dem Wasser geben erst am oberen Bildrand überraschend den Blick ins Blau des Himmels frei. Nie zuvor hatte es in der Kunst eine derartige Kompromißlosigkeit der Komposition gegeben: Der Bildraum wirkt wie ein Abgrund; es gibt keine Begrenzung, keinen Halt, nur den Schwebezustand zwischen Nacht und Tag, Zweifel und Hoffnung, Tod und Leben. Wie kein anderer hat Heinrich von Kleist 1810 die Magie dieses Bildes in Worte gefaßt: »Nichts kann trauriger und unbehaglicher sein, als diese Stellung in der Welt: der einzige Lebensfunke im weiten Reich des Todes, der einsame Mittelpunkt im einsamen Kreis. Das Bild liegt mit seinen zwei oder drei geheimnisvollen Gegenständen wie die Apokalypse da, als ob es Youngs Nachtgedanken hätte, und da es in seiner Einförmigkeit und Uferlosigkeit, nichts als den Rahmen im Vordergrund hat, so ist es, wenn man es betrachtet, als ob einem die Augenlider weggeschnitten wären.« *BV*

Caspar David Friedrich (1774–1840)

Abtei im Eichwald, 1809–10
Öl auf Leinwand, 110,4 x 171 cm
Aus dem Berliner Stadtschloß

»Abtei im Eichwald« ist das Pendant zu »Mönch am Meer«. Friedrich stellte beide Gemälde 1810 auf der Berliner Akademie-Ausstellung aus. Auf Bitten des 15jährigen Kronprinzen wurden sie vom König Friedrich Wilhelm III. erworben. Ihre rätselhafte Entrücktheit und formale Radikalität machte sie zu Schlüsselwerken der Frühromantik. In »Mönch am Meer« steht der Mensch, verloren in apokalyptischer Einsamkeit, der Unendlichkeit der Natur, des Kosmos gegenüber. Er meditiert über das Leben und seine Grenze. Im Gegenstück hat sich das Tor des Todes geöffnet. Mönche tragen einen Sarg in eine verlassene gotische Ruine, um am Kreuz die Totenmesse zu halten. Der Friedhof mit seinen schiefen eingesunkenen Grabsteinen liegt verlassen. Kahle Eichbäume greifen wie mit klagender Gebärde in den Himmel. Erstes Mor-

genlicht erscheint als ockrig-gelber Farbschleier über dem Horizont und überstrahlt die zarte Sichel des Neumondes. Die visionär leuchtende Himmelszone ist vollkommen von dem noch im Dunkeln liegenden irdischen Bereich abgehoben. Dort geben die beiden einzigen Lichter am Kruzifix ein Zeichen der Hoffnung. Für Carl Gustav Carus, den Malerfreund Friedrichs, war dieses Bild »vielleicht das tiefsinnigste poetische Kunstwerk aller neuern Landschaftsmalerei«. *BV*

Caspar David Friedrich (1774–1840)

Nebel im Elbtal, um 1821
Öl auf Leinwand,
33 x 42,5 cm
Seit 1934 in der Nationalgalerie

Über einer hügeligen Landschaft liegen dichte Nebelschwaden. Die wie feucht erscheinenden Felder und der weißliche Nebel reflektieren das Licht der aufgehenden Sonne. Eine Stimmung morgendlicher Frische, voller Stille und Geheimnis, kommt auf. Links stehen spärlich belaubte Bäume. Rechts führt eine Brücke in Richtung einer kleinen Ortschaft,

aus deren Häusern Rauch aufsteigt. »Wenn eine Gegend sich in Nebel hüllt« – so Friedrich selbst –, »erscheint sie größer, erhabener und erhöht die Einbildungskraft und spannt die Erwartung gleich einem verschleierten Mädchen. Auge und Phantasie fühlen sich im allgemeinen mehr von der duftigen Ferne angezogen als von dem, was so nah und klar vor Augen liegt.«
Friedrich hat hier Natureindrücke aufgenommen und zugleich frei gestaltet. Er verknüpfte einzelne Bildelemente wie Acker, Bäume, Brücke, Häuser und Hügel zu einer Landschaft, die nur allgemein als Elbtal bei Dresden lokalisierbar ist. *BV*

Caspar David Friedrich (1774–1840)

Morgen im Riesengebirge, 1810/11
Öl auf Leinwand, 108 x 170 cm
Aus dem Berliner Stadtschloß

Im Sommer 1810 wanderte Friedrich mit seinem Malerfreund Georg Friedrich Kersting durch das Riesengebirge. Unter dem Eindruck der Landschaft entstanden zahlreiche Skizzen und Zeichnungen. Wenig später begann Friedrich dieses Gemälde. Karl Friedrich Frommann notierte nach einem Atelierbesuch: »Anlage einer anderen großen Landschaft aus dem schlesischen Riesengebirge. Aus dem Standpunkt der Schneeberge genommen, wo eine weibliche Figur den Maler selbst auf der höchsten Höhe am Kreuz liegend zu sich hinaufzieht; das untere Gebirge soll fast ganz in Wolken liegen und ein durchgehender Sonnenstrahl das Kreuz, den Mann erleuchten.«
1811 zeigte der Künstler sein Werk auf der Dresdener Kunstausstellung. Das »Journal des Luxus und der Moden« feierte es als eine »Zierde der Ausstellung«. Bereits ein Jahr später erwarb es Fried-

rich Wilhelm III. auf der Berliner Akademie-Ausstellung. Er soll vor dem Bild geäußert haben: »Wer es nicht gesehen hat in der Natur, denkt es ist nicht wahr.« Die »Vossische Zeitung« bemerkte schon damals Ähnlichkeiten mit Friedrichs Meeresdarstellungen. Von einem Felsen des Vordergrundes aus überragt einzig das Kruzifix die Horizontlinie. Wellen gleich liegen dazwischen die Bergrücken im Nebel. Eine weiß gekleidete, blonde Frau erklimmt soeben den Gipfel, die eine Hand am Kruzifix, reicht sie die andere dem ihr nachfolgenden Mann, dem Künstler selbst. Hier ist Friedrichs geistige Übereinstimmung mit den Frühromantikern Schlegel oder Schleiermacher anzunehmen, nach deren Vorstellungen die Geliebte zu Gott hinführt. Dieses bekenntnishafte Gemälde ist nach »Kreuz im Gebirge« von 1807/08 (Staatliche Kunstsammlungen, Dresden, auch »Tetschener Altar« genannt), die bedeutendste Kruzifixlandschaft Friedrichs.

BV

Caspar David Friedrich (1774–1840)

Der einsame Baum, 1822
Öl auf Leinwand, 55 x 71 cm
Erworben 1861 als Vermächtnis des Konsuls Wagener

1822 bestellte der Mäzen und Kunstsammler Konsul Heinrich Wagener bei Friedrich ein Tageszeiten-Diptychon. Als Bild des Morgens entstand »Der einsame Baum«. Darin erstreckt sich eine Wiesenlandschaft mit Weihern, Baumgruppen und Dörfern bis an den Rand eines Gebirges, vor dem Türme einer gotischen Stadt zu sehen sind. Wie ein Monument steht in der Mitte der Komposition eine stattliche Eiche. Sie bietet einem Hirten Schutz. Ihr mächtiger Stamm hat Wind und Wetter standgehalten, jedoch sind an der Spitze des Baumriesen die Äste bereits abgestorben. Über der Eiche haben sich kuppelartig Wolken formiert. Gegen die klassischen Kompositionsregeln verstoßend, durchschneidet Friedrich mit dem Baum als zentraler Achse vom Vordergrund aus alle Bildschichten. Damit wird die Eiche zugleich zum Vermittler zwischen Erde und Himmel, zwischen Irdischem und Transzendentem. Als Naturzeichen verkörpert sie Lebenskraft und Stärke. Zugleich verweisen ihre abgestorbenen Äste auf ein jenseitiges Dasein. *BV*

Caspar David Friedrich (1774–1840)

Mondaufgang am Meer, 1822
Öl auf Leinwand, 55 x 71 cm
Erworben 1861 als Vermächtnis des Konsuls Wagener

Das Abendbild des Diptychons entstand wie sein Pendant 1822. Mit »Mondaufgang am Meer« griff Friedrich eines seiner beliebtesten Themen auf. Im Widerschein des nächtlichen Gestirns beginnt die Wasserfläche wie von selbst zu leuchten, als nähme sie den Glanz des Himmels auf. Wolken sind aufgezogen. Die Scheibe des Vollmonds ist hinter den Wolkenbänken über dem Horizont halb verborgen. Dadurch fällt das Mondlicht nicht gleichmäßig, sondern bricht wie aus einem Wolkentor hervor und erzeugt ein zauberisches Lichtschauspiel. Komplementäre Farben wie goldenes bis weißliches Gelb, Violett und Blau bestimmen den Kontrast von

Hell und Dunkel. Größe und Einheit des Universums werden spürbar. Ergriffen von diesem Naturwunder haben sich drei Menschen auf runden Felsen am Ufer niedergelassen. Durch ihre dunklen Umrisse wird der Glanz über Himmel und Meer noch gesteigert. Geisterhaft ziehen zwei Segelschiffe auf der Wasserfläche ihre Bahn. Das erhabene Schauspiel mit dem Mond als Zeichen der Hoffnung erscheint in überirdischer Schönheit. *BV*

Caspar David Friedrich
(1774–1840)

Mann und Frau den Mond betrachtend, um 1824
Öl auf Leinwand, 34 x 44 cm
Erworben 1935

Während eines nächtlichen Spazierganges durch einen Gebirgswald verharrt ein Paar auf einer Anhöhe neben einer dramatisch bewegten, entwurzelten Eiche. Dunkelheit umgibt die Wanderer, ihre Blicke sind auf das trostverheißende Gestirn des Mondes gerichtet, dessen Licht wie ein Schleier feierlich still die Atmosphäre erfüllt. Die Tiefe der Mondnacht verleiht den Bäumen und Felsen eine eigenartige, fast unheimliche Größe und Bedeutung. Das Naturerlebnis verbindet die Beiden angesichts des Gewahrwerdens ihrer Vergänglichkeit; gemeinsam finden sie sich vor dem Geheimnis des Unergründlichen. Die Entstehungszeit dieses Gemäldes ist umstritten; unterschiedliche Datierungen (zwischen 1818 und 1835) sind vorgeschlagen worden. *BV*

Caspar David Friedrich (1774–1840)

Frau am Fenster, 1822
Öl auf Leinwand, 44 x 37 cm
Erworben 1906 von der Familie des Künstlers

Am Fenster von Friedrichs Atelier steht eine junge Frau, es ist Caroline, die Frau des Malers. Vom Betrachter abgewandt, schaut sie hinaus über die Elbe zum jenseitigen Ufer. Der karge Innenraum ist streng aus Horizontalen und Vertikalen komponiert. Nichts verrät Leben und Wohnlichkeit. Allein die Frauengestalt sowie die Aussicht auf zartgrüne Pappeln und einen weiten Frühlingshimmel erscheinen lebendig. Friedrich griff hier ein beliebtes Motiv der Romantik auf, das Nähe und Ferne im Fensterbild verbindet und eine Sehnsucht nach dem Unbekannten beschwört. So ist der Blick nach außen, in die Natur, zugleich ein Blick nach innen, in das Zentrum des Seelischen.

BV

Caspar David Friedrich
(1774–1840)

Riesengebirge,
um 1830–35
Öl auf Leinwand, 72 x 102 cm
Erworben 1909

Die sanften Abstufungen der Hügel bilden eine Muldenform, die sich am Himmel in den übereinanderliegenden Wolkenschichten spiegelt. Erde und Himmel scheinen in dieser Ellipse zu verschmelzen, deren Zentrum eine in zartes Violett getauchte Bergkette in der Ferne bildet. Im Vordergrund, sich kaum von der umgebenden Natur abhebend, sitzt auf einer Anhöhe ein Hirt oder Wanderer, dessen Blick sich in der Weite der Bergwelt verliert. 1810 hatte Friedrich mit seinem Freund Kersting eine Wanderung durch das Riesengebirge unternommen und zahlreiche Skizzen angefertigt, die ihm bis ins Alter als Vorlagen dienten. Vermutlich ist der Blick vom Koppenplan nach Südwesten zum Ziegenrücken dargestellt. Frühromantisches Denken und Religiosität fließen in diesem Landschaftsbild zusammen, das die innere Zerrissenheit des aufgeklärten Menschen anspricht, der sich angesichts der Erhabenheit der Natur und des ewigen Zyklus' der Sonne seiner Einsamkeit bewußt wird und doch in andächtiger Betrachtung eins zu werden sucht mit dem Kosmos.

KS

Ernst Ferdinand Oehme
(1797–1855)

Burg Scharfenberg bei Nacht, 1827
Öl auf Leinwand,
59,5 x 83 cm
Erworben 1923

Oehme, ein Schüler Caspar David Friedrichs, blieb dessen Motivwelt sein Leben lang verbunden, eine ähnliche Vergeistigung aber erstrebte er nicht. Ihn trieb Begeisterung für die Zeit des Rittertums, für den Gefühlsgehalt von Dämmerung und Nacht, für effektvolle Beleuchtungen. Aus gleichem Geist heraus hatte Carl Borromäus von Miltitz die Burg seiner Väter, zwischen Dresden und Meißen gelegen, wieder bewohnbar gemacht und dort nach 1812 einen Kreis romantischer Künstler versammelt. Ihren Traum symbolisiert der auf die neubelebte Burg zusprengende Ritter. So ist die sorgsam gemalte, topographisch genau erfaßte »Burg Scharfenberg« ein Werk zwischen Vedute und romantischer Landschaft geworden. Aus der Erinnerung heraus hatte Oehme 1824 in Rom vermutlich genau diese Burg schon einmal dargestellt. Sein Freund Ludwig Richter beschrieb die (heute verlorene) Tuschzeichnung in seinen Lebenserinnerungen: »Ein altes Schloß mit hohen Renaissancegiebeln, das aus entlaubten alten Eichen hervorschaute und eine Reihe festlich erleuchteter Fenster zeigte.«

AW

Carl Gustav Carus (1789–1869)

Balkonzimmer mit Ausblick auf den Golf von Neapel, um 1829/30
Öl auf Leinwand, 28,4 x 21,3 cm
Eigentum des Vereins der Freunde der Nationalgalerie

Der Maler und Arzt Carl Gustav Carus begleitete 1828 den Prinzen Friedrich August von Sachsen nach Italien. In seinem Reisetagebuch beschrieb er die Ankunft in Neapel. Mit Spannung hatte er sein Quartier im Casino Reale an der Via Chiatamone erwartet: »Endlich, ich trete ein, und vor mir liegt Vesuv, Meer, Kastell und blaue Ferne.« Von der Aussicht seines Zimmers beeindruckt, gab er in diesem Gemälde den Blick auf Hafen und Castel dell'Ovo wieder. Die Frische des Erlebnisses ist mit romantischer Symbolik, der Ambivalenz von Innen- und Außenwelt, verknüpft. *BV*

Carl Gustav Carus
(1789–1869)

Pilger im Felsental, um 1820
Öl auf Leinwand, 28 x 22 cm
Erworben 1924

»Der Pilger wird die Idee der Ferne, ja das Nichtzuermessene der Erdfläche uns zurückrufen; immer aber wird die Landschaft das belebte Geschöpf bestimmen«, schrieb Carus um 1820 in einem Brief über Landschaftsmalerei. Der Pilger zieht durch die Nacht, das dunkle Tal, dem Morgenstern entgegen. Carus verwandte derlei Motive seit Beginn seiner Freundschaft mit Caspar David Friedrich. Doch spricht sich in ihnen nicht nur der Einfluß von dessen Gedankenwelt aus, sondern romantischer Zeitgeist allgemein. Der Roman von Ludwig Tieck »Franz Sternbalds Wanderungen« (1798) beschwört ganz ähnliche Bilder. *AW*

Georg Friedrich Kersting
(1785–1847)

Auf Vorposten, 1815
Öl auf Leinwand, 46 x 35 cm
Erworben 1921

In der Erinnerung an seine drei im Befreiungskrieg gefallenen Freunde Theodor Körner, Karl Friedrich Friesen und Heinrich Hartmann schuf Kersting dieses Gedenkbild. Wie die Dargestellten war auch Kersting 1813, einem Aufruf Theodor Körners folgend, dem Lützower Freikorps beigetreten. Als »Jäger zu Fuß« war Kersting von Kügelgen und Caspar David Friedrich mit Waffen und Geld ausgestattet worden, Goethe erteilte ihm den Waffensegen. Das Gemälde offenbart Kerstings patriotisches Bekenntnis und zugleich seine Trauer. Am Rande eines Eichenwaldes haben Körner, Hartmann und Friesen Posten bezogen. Sie tragen das 1813 von Schinkel entworfene Eiserne Kreuz. Eichen, Haartracht und die schwarz-rot-goldene Uniform verweisen auf das neuerwachte deutsche Nationalgefühl. Stille herrscht. Jeder der Gruppe scheint in sich gekehrt, als sei er der Welt bereits entrückt. Aufrecht stehend, mit dem Gewehr im Anschlag, lehnt Friesen an einer Eiche. Als Turnlehrer war er ein Mitstreiter von Friedrich Ludwig Jahn und wurde Lützows persönlicher Adjutant. Der links im Bild Pfeife rauchende Hartmann, ein 19jähriger Jurastudent aus Heidelberg, hatte gemeinsam mit Friesen und Kersting in der Schlacht bei Göhrde gekämpft. Sein Sterben mußte Kersting miterleben. Der Dichter und Dramatiker Körner, hinter Hartmann sitzend, warb in Dresden für das Freikorps. In seinen Werken forderte er, die Freiheit des Vaterlandes über das eigene Leben zu stellen. *BV*

Georg Friedrich Kersting
(1785–1847)

Die Kranzwinderin, 1815
Öl auf Leinwand, 40 x 32 cm
Erworben 1921

Dieses Gemälde schuf Kersting als Pendant zu »Auf Vorposten«. Ganz in Weiß gekleidet sitzt in sich gekehrt ein Mädchen am Rand eines Eichenhaines und windet Kränze. Grabstelen gleich stehen drei Eichen hinter ihr, in deren Rinde die Namen der gefallenen Lützower Jäger geschnitten sind. Zwei der Kränze sind bereits geflochten, das Eichenlaub für den dritten liegt bereit. Schon seit dem 18. Jahrhundert galten Eichen als Symbol des Heldentums. Kersting verlieh der Szene eine interieurhafte, intime Atmosphäre. Wie ein Tempel steht der Wald, vor dem die Trauernde für die Helden des Vaterlandes die Kränze des Andenkens flicht. *BV*

Karl Friedrich Schinkel (1781–1841)

Der Morgen, 1813
Öl auf Leinwand, 76 x 102 cm
Erworben 1911 als Geschenk von Bruno Cassirer

Zwei Frauen wandern mit ihren Kindern einem Buchenhain entgegen. Schräg fällt Morgenlicht durch die üppigen Baumkronen, hinter denen bereits die Sonne steht. Im Gras vergnügen sich spielende Kinder, während am rechten Rand des Hains zwei Reiter erscheinen. Wie die Spaziergänger sind auch sie in Renaissancekostüme gekleidet. Über die antiken, von Pflanzen bewachsenen Fragmente strebt der Blick unweigerlich in die Ferne. Bis zum Horizont weitet sich das Meer, an dessen Rand links eine Stadt mit Kuppeln im Stil der italienischen Renaissance liegt. Wie so oft ist auch diese Landschaft Schinkels zugleich eine Geschichtslandschaft. In der Rückbesinnung auf die großen Epochen der Vergangenheit wird Schinkels Vision einer gesellschaftlichen Erneuerung heraufbeschworen. 1813, während der Befreiungskriege gemalt, vermittelt das Bild eine patriotische Aufbruchstimmung. Anknüpfend an Runges Tageszeitenzyklus hatte Schinkel dem »Morgen« eine »Abend«-Darstellung hinzugefügt, die jedoch 1945 vernichtet wurde. Den Kampf gegen Napoleon symbolisierend, schwebten dort zwei Adler bei Sturm über einem von Eichen umstandenen Fels. Ganz im Sinne des Auftraggebers, des Generals von Gneisenau, sollten die beiden Bilder nach stürmischer dunkler Nacht den Anbruch eines neuen Zeitalters verkünden.
BV

Karl Friedrich Schinkel (1781–1841)

Blick in Griechenlands Blüte, 1825
(Kopie von Wilhelm Ahlborn, 1836)
Öl auf Leinwand, 94 x 235 cm
Erworben 1954

Vor dem Hintergrund einer idealen griechischen Stadtlandschaft errichten nackte Heroen einen ionischen Tempel mit doppeltem Säulengang. Die Prozessionsmotive der Reliefzone zwischen den beiden Geschossen erinnern an den Parthenonfries. Gerade ist man dabei, unter ersichtlich großen Anstrengungen einen noch fehlenden Marmorblock des Frieses an die vorgesehene Stelle zu hieven. Der Block kommt aus der provisorisch errichteten Bildhauerwerkstatt, wo bereits andere Skulpturen in Arbeit sind. Die von Schinkel erdachte Säulenordnung geht auf antike Vorbilder zurück. Möglicherweise ließ er sich von Stichen der Hadrian-Villa zu Tivoli anregen, die im Besitz seines Lehrers Friedrich Gilly waren. Die griechische Inschrift links auf der Tempelwand zitiert Aristoteles' Loblied auf die Tugend des Kampfes und des Heldentodes. Die darüber stehenden Männer halten in ihrer Arbeit inne und schauen heimkehrenden Kriegern nach.
Wie auch in anderen Werken nimmt Schinkel hier Bezug auf die Freiheitskriege Preußens gegen Napoleon. Darüber hinaus ist der Gedanke an die Befreiung der Griechen von der türkischen Vorherrschaft präsent, deren Kampf sich zur Entstehungszeit des Bildes einem siegreichen Ende näherte. Schinkels programmatisches Werk offenbart seine Weltsicht und Kunstanschauung: »Die Landschaft läßt die ganze Fülle der Kultur eines höchst ausgebildeten Volkes sehen, welches jeden Gegenstand der Natur geschickt zu benutzen wußte, um daraus einen erhöhten Lebensgenuß für das Individuum und für das Volk im allgemeinen zu ziehen.« Der Bau eines Tempels war für ihn Bekrönung einer geordneten Gemeinschaft und Sinnbild einer verbesserten Weltordnung. Mit der Vision eines neuen Athens nahm Schinkel Bezug auf seine Berliner Architekturprojekte, auf sein Spree-Athen. Im Entwurf der Säulenhalle des Museums am Lustgarten verwandte er dieselben Stilmittel wie in diesem Tempel. Auch das Denkmal im Mittelgrund erinnert an den Löwenkämpfer von Albert Wolff und die Amazone von August Kiß, die die Treppenwangen des Alten Museums schmükken.
Das Original Schinkels ist verschollen. 1826 und nochmals 1836 kopierte Wilhelm Ahlborn dieses Gemälde, wodurch es der Nachwelt erhalten blieb. *BV*

Karl Friedrich Schinkel (1781–1841)

Gotische Kirche auf einem Felsen am Meer, 1815
Öl auf Leinwand, 72 x 98 cm
Erworben 1861 als Vermächtnis des Konsuls Wagener

Bei Dämmerung bewegt sich eine Gruppe von Reitern auf das Meer zu, wohl um sich im Hafen einzuschiffen. Der vom Meer herüberwehende Wind zaust an ihrer Kleidung und schüttelt heftig Büsche und Bäume. Die Szene liegt fast vollkommen im Dunkeln, die tiefstehende Sonne bleibt hinter der majestätisch aufragenden gotischen Kirche verborgen, die auf einem Felsen direkt am Wasser steht, als sei sie dem Gestein entwachsen. Abgrundartig ist dort der Übergang vom Land ins Meer. Einer Vision gleich ist das Gotteshaus in verheißungsvolles Licht getaucht und kündet vom christlichen Weltbild. Schinkels Hang zum Erzählerischen und zu dramatischen Handlungsabläufen offenbart seine enge, freundschaftliche Verbindung mit Dichtern der Romantik wie Clemens Brentano und Achim von Arnim, unter deren Einfluß sich seine Vorliebe für altdeutsche Motive und mittelalterliche Architekturdarstellungen ausbildete. Zu Schinkels Zeit dachte man, die Gotik sei deutschen Ursprungs. Daraus erklärt sich die Begeisterung der Romantiker, vor allem zur Zeit der patriotischen Bewegung zwischen 1813 und 1815, für diese historische Epoche und ihre Bauwerke. *BV*

Karl Friedrich Schinkel
(1781–1841)

Schloß am Strom, 1820
Öl auf Leinwand, 70 x 94 cm
Erworben 1861 als Vermächtnis des Konsuls Wagener

Ein Künstlerwettstreit zwischen Karl Friedrich Schinkel und Clemens Brentano war Anlaß für dieses märchenhaft-romantische Werk. Carl Gropius, Gast einer Abendgesellschaft im Hause Schinkels, berichtet: »Es war zur Sprache gekommen, wie schwer es sei, in einer Zeichnung das auszudrücken, was sich durch dichterische Darstellung so leicht erreichen lasse. Schinkel opponierte dagegen, und Brentano wollte beweisen, daß er im Stande sein würde, aus dem Stehgreife eine Erzählung zu erfinden, die Schinkel nicht im Entferntesten durch Zeichnen zu verfolgen und verständlich auszudrücken vermöchte. Nach längerem Hin- und Herreden und nach Festsetzung der Ausdehnung solcher Geschichte, wurde unter allgemeinem Jubel eine Probe beschlossen. Brentano erzählte und Schinkel komponierte.« Brentanos Geschichte handelt von einem alten Jagdschloß, in dem ein Oberförster gewohnt hatte, der inzwischen verstorben war. Wegen des felsigen Grundes wurde er am anderen Ufer des Flusses begraben. Nun konnte ein Hirsch unbehelligt das verlassene Schloßgelände betreten. Schinkels Gemälde entsprach vollkommen der komplizierten Struktur der Schilderung Brentanos. Wie in der Erzählung überlagern sich im Gemalten mehrere Sinnschichten: Eine religiös-romantische Weltsicht artikuliert sich in Symbolen wie Kruzifix, Kirche, Begräbnis, Taube, Wein und Kinder. Aber auch Gedanken über die Vergänglichkeit alles Irdischen sowie die Idee von der Rückeroberung der Welt duch die Natur finden hier ihre feierlich in Szene gesetzten Bildmotive. Schinkel schuf dieses Gemälde im Auftrag des Konsuls Wagener nach zwei während des Wettstreits entstandenen Zeichnungen. *BV*

Friedrichswerdersche Kirche, Innenansicht mit Skulpturen des Klassizismus

Die Friedrichswerdersche Kirche
Obgleich Schinkel als Architekt und Städteplaner das Gesicht Berlins auf vielfältige und nachhaltige Weise geprägt hat, sind Bauten, die seine Handschrift sowohl im äußeren als auch im inneren Erscheinungsbild zeigen, durch Kriege und spätere Umbauten relativ selten. Selbst seine großartigste Schöpfung, das Alte Museum, ist – abgesehen von der Rotunde – im Inneren grundlegend verändert. Daher kommt der Friedrichswerderschen Kirche (1830 vollendet) eine besondere Bedeutung zu, denn hier sind Schinkels Bestrebungen recht klar erkennbar. Obgleich er in der Wahl der Bauform, die sich an der Gotik orientiert, abhängig vom Geschmack des königlichen Auftraggebers war, konnte er in der Materialwahl eigene Ideen verwirklichen. Die Kirche gehört zu den ersten nachbarocken Bauten, an denen der einheimische, mit patriotischem Gedankengut in Verbindung gebrachte Backstein materialsichtig eingesetzt wurde. Dieses Material wurde wenig später in dem benachbarten Gebäude der Bauakademie aufgenommen, wobei dort erstmals auch der Grundriß vom pragmatischen Denken der damals fortschrittlichsten Baukunst, nämlich der englischen Industriearchitektur, geprägt war.
Im Inneren der Friedrichswerderschen Kirche zeigt die Nationalgalerie neben einer Dokumentation über Schinkels Leben und Werk Skulpturen seiner Mitstreiter und Zeitgenossen, darunter Künstlerstandbilder aus dem Alten Museum, Grabplastik – etwa die der Königin Luise von Rauch –, Bauplastik wie Schadows und Tiecks Arbeiten für das Berliner Stadtschloß sowie einige freie Arbeiten. Als vom König bevorzugter Architekt konnte Schinkel diesen kongenialen zeitgenössischen Bildhauern vielfältige Aufgaben vermitteln.

BM

Christian Friedrich Tieck
(1776–1851)

Karl Friedrich Schinkel, 1819
Marmor, 67 x 38 x 26,5 cm
Erworben 1923

Zahlreiche architektonische Projekte prägten die Jahre nach den Befreiungskriegen; zu den führenden Männern der Zeit gehörte neben Wilhelm von Humboldt, Christian Daniel Rauch und Tieck vor allem Schinkel, der mit der Neuen Wache eine erste architektonische Glanzleistung vollbracht hatte, nachdem er zuvor als Bühnenbildner und Maler tätig war. Für Schinkels 1821 eingeweihten Neubau des Berliner Schauspielhauses schuf der einstmals von Goethe protegierte Tieck den bauplastischen Schmuck ganz im antikisch gestimmten Geist des Architekten. Die freundschaftliche Verbundenheit beider fand ihren Ausdruck auch in der Bildnisbüste von 1819. Das Porträt verbindet die betont individuell ausgeprägten Gesichtszüge des Architekten mit einem zeitlos-antikischen Bruststück. So verknüpft sich die realistisch erfaßte, durch die heftige Kopfwendung unterstrichene Lebendigkeit des Porträts mit dem idealen Anspruch auf dauernden Ruhm. Die Büste gilt seit ihrer Entstehung als dasjenige Bildnis Schinkels, das seine Physiognomie wie auch seinen unermeßlichen Schöpfergeist am treffendsten erfaßt. *BM*

Unbekannte Bildhauer nach
Karl Friedrich Schinkel (1781–1841)

Reliefs von der Bauakademie in Berlin, 1832
Ton, gebrannt, je Bildfeld 40 x 83 x 14 cm

Die einstmals der Friedrichswerderschen Kirche unmittelbar benachbarte, 1831 bis 1836 errichtete Bauakademie gehörte gleich dem Schauspielhaus und dem Alten Museum zu Schinkels richtungweisenden Bauwerken, nahm aber innerhalb seines Schaffens einen insofern herausragenden Platz ein, als hier erstmals Einflüsse der modernsten englischen Industriearchitektur zur Geltung kamen: Der Grundriß erlaubte eine variable Einbringung von Wänden, der Aufriß bot eine rasterförmige Wiederholung einfacher Grundelemente, das Material (Backstein) war einheimisch. Die Bauplastik, insbesondere die Reliefs unter den Fenstersohlbänken des Hauptgeschosses, bezog sich programmatisch auf die damalige Funktion des Gebäudes als Bauschule: Sie versinnbildlichte die Geschichte der Baukunst seit der Antike und die verschiedenen Tätigkeiten am Bau, die ideale Einbindung des Künstlers in ein tätiges Staatsgebilde und die Trias der bildenden Künste: Malerei und Plastik unter dem Dach der Architektur. *BM*

Emil Wolff (1802–1879)

Nymphe, 1868, Modell 1836
Marmor, 155 x 58,5 x 47,5 cm
Übernommen 1949

Die badende Nymphe gehört zeitlich zwar in das Spätwerk Wolffs, tradiert jedoch die schon seit den 1830er Jahren entfalteten Eigentümlichkeiten seiner streng klassizistischen Kunstauffassung mustergültig, indem sich das ideale Sujet dem Genrehaften annähert und mit brillanter handwerklicher Technik vorgetragen ist. Die harmonische Ponderation erzeugt den Eindruck zeitloser Ruhe; das antikisch drapierte Gewand schirmt die Figur in ihrer Erhabenheit ab. Nur in zweiter Linie scheinen antike Vorbilder auf, so etwa die Aphrodite aus Fréjus (Musée du Louvre, Paris), die sich in vergleichbarer Weise das Gewand über die Schulter zieht. Wolff bewahrte trotz aller Antikisierung eine künstlerische Eigenständigkeit und Reinheit, die seine Werke in ihrer Klassizität besonders geglückt erscheinen lassen. *BM*

Emil Wolff (1802–1879)

Amor, der Sieger der Stärke, 1835/36
Marmor, 139 x 54 x 45 cm
Übernommen 1949

Als vielbeschäftigter klassizistischer Bildhauer erfreute sich Wolff, Schüler und Neffe Schadows, lang anhaltender Wertschätzung. Er arbeitete zeitlebens in Rom, wo ihm ein größerer Käuferkreis offenstand als in Berlin. Viele seiner Skulpturen mit meist idealen Sujets wurden mehrfach in Marmor wiederholt und kamen an zumeist adlige Käufer aus Europa und Amerika. Dieser Erfolg gründet sich auf Wolffs künstlerisches Vermögen, das in sich eine tiefe, sowohl aus Wissen als auch aus Empfindung genährte Antikenbegeisterung mit einer seltenen Anmut der Motivfindungen und einer erstklassigen handwerklichen Ausbildung vereint. Mustergültig findet sich all dies im lebensgroßen Amor, dem Gott der Liebe. In der Gestalt verbinden sich jugendliche Frische und sehnsüchtig erwartender Blick des Knaben mit dem Attribut der Stärke, der Keule des Herkules, zu einem Sinnbild der alles bezwingenden Macht der Liebe. Daher erklärt sich auch der frühere Titel: Amor als Besieger des Erdenkreises. Wolff faßt so Amor nicht als den provokanten Gott erotischer Sinnlichkeit und Begierde auf wie noch das späte 18. Jahrhundert, sondern gibt ihm ein größeres Maß an Ernsthaftigkeit und philosophischer Tiefe. *BM*

Ridolfo Schadow (1786–1822)

Spinnerin, 1816–18
Marmor, 125 x 77 x 68 cm
Übernommen 1949

Im Sujet, in der aufsteigenden Komposition, im Kontrast des grazil bewegten Körpers zum unverrückbar ruhenden Felsblock und in der fließenden Behandlung des mädchenhaften Körpers wie der Gewandung hat diese Figur etwas auffällig Leichtes. Dieser Eindruck des Spielerischen wird ausgeglichen durch den eleganten Ernst, mit dem sie in ihr Tun versenkt ist, und durch die mimische wie gestische Geschlossenheit der Gestalt gegenüber ihrer Umwelt. Stand das Motiv der Spinnerin den früheren Generationen noch sinnbildlich für die Parzen, die als Schicksalsgöttinnen den Lebensfaden jedes Menschen spinnen und schließlich durchtrennen, so konzentriert sich der Blick Ridolfo Schadows – ganz in der Tradition seines Lehrers Thorvaldsen – auf das genrehafte Moment, das mit an der Antike geschultem Blick ins Zeitlose übersetzt scheint. Der außerordentliche Erfolg Ridolfo Schadows hat seine Ursache darin, daß er in seinem Werk den lyrisch gestimmten Geschmack jener Zeit traf. *BM*

Christian Daniel Rauch
(1777–1857)

Jason und Medea, 1805–10, 1818
Marmor, 123 x 140 cm
Aus dem Rauch-Museum

Rauchs unvollendetes Relief veranschaulicht die Szene der Argonautensage, in der Jason das kostbare Goldene Vlies aus Kolchis holt, wo König Aietes es zurückhielt. Dessen Tochter Medea verliebte sich in Jason und unterstützte dessen Plan, indem sie den hundertäugigen Drachen, der das Vlies bewachte, mit einem Zaubertrank einschläferte. Das Relief zeigt den Moment, da der Liebesgott Amor das Vlies vom Baum herabreicht. Auch die Sieg spendende Zaubergöttin Hekate trägt, aus der Unterwelt wirkend, ihren Teil zum Gelingen bei. Das Motiv wird beherrscht von dem Kontrast zwischen den Hauptfiguren: Dem athletischen Krieger mit Lanzen, Schild und Helm, der mit sicherem Blick und energischer Gebärde nach dem begehrten Schatz greift, steht die zarte Königstochter gegenüber. Rauch ordnet zwei aufeinander folgende Handlungen, das Reichen des Tranks und den Raub des Vlieses, zu einer einzigen Szene, so daß der Eindruck der Gleichzeitigkeit entsteht. Der Bezug auf antike Themen sowie auf eine wenig früher entstandene erfolgreiche Jason-Statue von Thorvaldsen und die Entstehung ohne Auftrag lassen erkennen, daß Rauch das Relief in erster Linie als Beweis seines gestalterischen Vermögens verstanden wissen und sich sowohl mit der Antike als auch mit einem der am höchsten geschätzten Bildhauer seiner Zeit messen wollte. *BM*

Christian Daniel Rauch
(1777–1857)

Sitzende kranzwerfende Viktoria, 1838–45
Marmor, 223 x 106 x 90 cm
Aus dem Berliner Stadtschloß

Die lebensgroße, dem Sieger den Kranz zuwerfende Viktoria stand im Weißen Saal des Berliner Schlosses mittig vor einer Schmalseite und versinnbildlichte die militärische Stärke Preußens. Die leichtfüßige Gestalt der geflügelten Siegesgöttin kontrastiert in ihrer lebhaften Bewegung und in ihrer insgesamt anmutigen und zeitlosen Leichtigkeit mit dem pathetisch-patriotischen Anspruch ihres noblen Aufstellungsortes. Die Gestaltung der Skulptur basiert auf einer der Viktorien, die Rauch für die Walhalla bei Regensburg ausführte. *BM*

Theodor Kalide (1801–1863)

Bacchantin auf dem Panther, 1844–48
Marmor, fragmentarisch,
circa 71 x 123 x 52 cm
Erworben 1878

Noch als Torso, gezeichnet von schwerer Kriegszerstörung und reduziert um wichtige formkonstituierende Partien wie die Arme, die Plinthe und die Beine des Tieres, zeigt die rücklings über einen Panther hingestreckte Bacchantin mit ihrem wechselvollen Rhythmus schwellender und drängender Formen, wie aufregend die Skulptur modelliert war. Als Dienerinnen des Weingottes Dionysos begleiten die Bacchantinnen der antiken Mythologie zufolge dessen jährlichen ekstatischen Festzug durch die Natur. Selig-trunken vom Wein, ihrer Glieder nicht mehr mächtig, sind sie in einen rauschhaften Zustand versetzt, der alle Grenzen enger Moral vergessen läßt. Ein Panther, traditionell im Gefolge des Bacchus, dient der Bacchantin als Lager, sie scherzt mit ihm und reicht ihm eine Schale mit Nektar: So zeugt das Zusammenspiel mit dem gezähmten Tier von einem reinen Bekenntnis zur freien, sinnlichen Körperlichkeit. *BM*

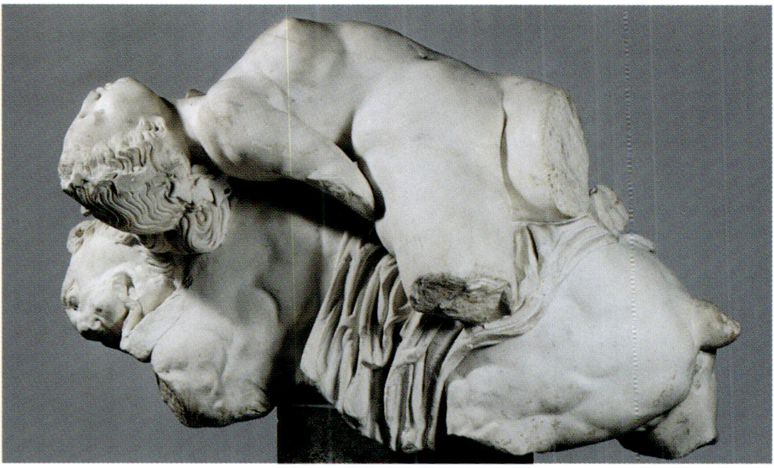

Fresken der Casa Bartholdy
(1816/17)

Johann Friedrich Overbeck
(1789–1869)

Joseph wird verkauft
Fresko auf Putz, 243 x 304 cm
Erworben 1887

Peter Cornelius (1783–1867)

Joseph deutet Träume
Fresko auf Putz, 246 x 331 cm
Erworben 1887

Joseph gibt sich zu erkennen
Fresko auf Putz, 236 x 290 cm
Erworben 1887

Mit den Wandmalereien in der Casa Bartholdy in Rom erhielten die Künstler mit dem Spottnamen »Nazarener« erstmals Gelegenheit, ihrer Kunstauffassung entsprechend zu arbeiten. Die Freskomalerei nach altitalienischem Vorbild, die Darstellung alttestamentarischer Szenen und auch die Gemeinschaftsarbeit entsprachen den künstlerisch-ethischen Vorstellungen der Gruppe in besonderer Weise. Der preußische Generalkonsul für Italien, Jakob Salomon Bartholdy, hatte ihnen den Festraum seiner Privatwohnung zur Verfügung gestellt und trug für Farben und freie Kost Sorge, so daß die jungen Künstler, deren hohe Ideale er kannte, die fast vergessene Technik des Freskos neu erproben und ihren Traum von einer neuen Kunst, von monumentalen, gemeinschaftlich geschaffenen Wandbildern verwirklichen konnten. Die einzelnen Szenen der Darstellung, Höhepunkte der Josephsgeschichte, sind eigenständig, in der Lichtführung und im Figurenmaßstab verschieden.
Peter Cornelius: »Ich bin bei dieser Arbeit der glücklichste Mensch, und hätte ich nur einen Bissen Brot, so würde ich nicht ... tauschen. Ein sicheres prophetisches Gefühl lebt in meiner Brust, daß die Kunst von dieser Seite zu einem neuen, schönen Leben durchbrechen wird.« Die beiden Fresken von Cornelius sind die bedeutendsten des Raumes. Overbecks Arbeiten zeigen eine geringere Dramatik, obwohl gerade sein Bild von zentraler Bedeutung ist, da es die Szene des Verkaufs des Knaben Joseph nach Ägypten durch seine neidvollen Brüder zeigt und damit das weitere Geschehen erklärt.
Von den fertigen Arbeiten ließ der Auftraggeber Bartholdy die Künstler Skizzen anfertigen, um den preußischen König von den Fähigkeiten der jungen Maler in Rom zu überzeugen. Die Fresken in seinem Haus konnte jeder Interessierte besichtigen. Seit 1825 gefährdet, wurden sie 1885 nach vielerlei Vorversuchen mit den Wänden herausgesägt, das Mauerwerk von hinten abgelöst und die Fresken auf einem Holzrost neu befestigt. 1887 erfolgte ihr Transport von Rom nach Berlin. Im Obergeschoß der Nationalgalerie wurde ihnen ein Raum eingerichtet. *AW*

Peter Cornelius (1783–1867)

Der Mittag. Entwürfe zu Deckenbildern im Göttersaal der Münchener Glyptothek, 1819
Hyakinthos, Klytia und Leukothea
Der Wagen des Apoll
Apoll und Daphne

Kohle auf Papier, auf Leinwand,
150 x 170 cm, 169 x 215 cm, 150 x 170 cm
Erworben 1867

Als Anfang 1818 der bayerische Kronprinz auf seiner Italienreise auch Rom besuchte, zeigte er besonderes Interesse für die Fresken bei Jakob Salomon Bartholdy (S. 40–41) und nahm sogleich ähnliche Projekte für München in Angriff. Julius Schnorr von Carolsfeld berichtete über die Pläne des Prinzen: »Es beschäftigt ihn, wie er der Kunst recht aufhelfen könne, so daß es zum festen Vorsatz bei ihm geworden zu sein scheint, bedeutende Werke, Werke für die sogenannte Ewigkeit, ausführen zu lassen. Cornelius, den er ganz besonders lieb gewonnen, hat den Auftrag erhalten, drei große Säle nach Art der Raphaelischen Loggien mit Arabesken und Darstellungen aus der Mythologie zu verzieren, und zwar in Fresko.« Im Herbst 1819 begann der Künstler seine Arbeit in München, bis Ende des Jahres hatte er die Figurengruppe des »Mittag« gezeichnet: Den Sonnengott Apoll auf seinem Wagen, auf dem linken Seitenfeld drei Opfer der Liebe zu Apoll, auf dem rechten Feld den Daphne-Mythos. Seit 1820 wurden die Entwürfe, zum Teil von fremden Malern, auf Putz übertragen. Die Originalität der Erfindung galt damals höher als eine eigenhändige Ausführung. 1830 war der Freskenzyklus beendet. Im Zweiten Weltkrieg wurden die Fresken unwiederbringlich zerstört.
Cornelius nahm noch den Auftrag zu Wandbildern für die Ludwigskirche in München an, bevor er 1841 einer Berufung nach Berlin folgte und alle Vorzeichnungen in Originalgröße auf Karton mitnahm. Friedrich Wilhelm IV. hatte ihn mit der Ausmalung des später nie gebauten Campo Santo am Berliner Dom beauftragt. Auch diese Kartons gelangten nach seinem Tod als ein besonderer Bestand in die Nationalgalerie. Innerhalb dieser ihrem Wesen nach spröden Kunstgattung bilden die Kartons mit mythologischen Szenen für die Glyptothek in ihrem freien, emp-

findsamen Linienfluß einen Höhepunkt. Sie gehören zum Besten im Werk Peter Cornelius' und der deutschen Zeichenkunst des 19. Jahrhunderts.
»... diese Zeichnungen [sind] in der Art einer selbständigen technischen Sprache gehalten, die man mit derjenigen vergleichen kann, welche Dürer anwendete, um sie auf Metall zu schreiben und danach zu vervielfältigen. Wie sie, so sind auch die Kartonzeichnungen von Cornelius eigentlich abgeschlossene Kunstwerke, Hilfsmittel nur in dem Sinne, als überhaupt die richtige Zeichnung Grundlage der richtigen Malerei ist« (Max Jordan). *AW*

Julius Schnorr von Carolsfeld
(1794–1872)

Clara Bianca von Quandt, 1820
Öl auf Holz, 37 x 26 cm
Erworben 1922

Der finanziell gut gestellte, dank enthusiastischer Anteilnahme einflußreiche Kunstförderer Johann Gottlob von Quandt bestellte während seiner Hochzeitsreise in Rom bei dem Malerfreund Schnorr das Bildnis seiner Frau Bianca. Auf Wunsch Quandts zitiert das Porträt in der Komposition wie in den Details der Kleidung und Frisur das damals Raffael zugeschriebene Bildnis der Johanna von Aragonien (Musée du Louvre, Paris), eines der eindrucksvollsten Porträts der Renaissance, und mit Raffael einen der gefeiertsten Künstler aller Zeiten. Neben dieser anspruchsvollen Bezugnahme finden sich in Accessoires und Landschaftsausblick auch Anspielungen auf Quandts in Italien verbrachte Zeit, während der im Kreise der Familie gemeinsam musiziert und gedichtet wurde, woran Schnorr regelmäßig teilnahm. *BM*

Johann Friedrich Overbeck
(1789–1869)

Porträt des Malers Franz Pforr, 1810/65
Öl auf Leinwand, 62 x 47 cm
Erworben 1887

Overbecks Idealbildnis des Malers Franz Pforr – ein Hauptwerk nazarenischer Kunst – entstand 1810 in Rom. Es sollte den Freund im Augenblick vollendeten Glücks zeigen. Overbeck schuf das Porträt in Anlehnung an einen Traumbericht Pforrs, in dem er sich als Historienmaler in einem Zimmer mit altmeisterlichen Bildern an den Wänden sah, verzückt von der Anwesenheit einer schönen Frau. In Overbecks Gemälde erscheint Pforr feierlich in altdeutscher Tracht in einer gotischen Fensterlaibung. Einer Madonna gleich liest seine erträumte Ehefrau, bei der Handarbeit kniend, in der Bibel. Der Ausblick auf die altdeutsche Stadt und die italienische Küste beschwört das nazarenische Ideal eines unzertrennlichen Bundes von deutscher und italienischer Kunst. *BV*

Carl Philipp Fohr
(1795–1818)

Ritter vor der Köhlerhütte, 1816
Öl auf Leinwand, 54 x 66 cm
Erworben 1931

In Anlehnung an Friedrich de la Motte Fouqués Ritterroman »Der Zauberring« schuf Fohr in Heidelberg 1816, kurz vor seiner Reise nach Rom, dieses Gemälde. Die poetisch empfundenen Lichter der vom Mond beschienenen geheimnisvollen Szene sind meisterhaft gestaltet. Angeregt hatten Fohr die Werke altdeutscher Maler, die er in der Kunstsammlung der Brüder Boisserée gesehen hatte. Ebenso inspirierten ihn die unter den Romantikern wiederbelebten mittelalterlichen Legenden und Ritterspiele. *BV*

scher Erscheinungen und ihres spontanen und reich differenzierten Farbauftrags bestechen. Das romantische Haus des Admirals liegt eingebettet in Bäume und Gebüsch, gestreift von unruhigem Licht. Der Gebäudekomplex vereint die charakteristische Form englischer Schornsteine mit dem außergewöhnlichen Flachdach, das der Admiral einige Jahre zuvor hatte aufbringen lassen. Der Bau fügt sich gleich den unauffälligen Staffagefiguren in die Übermacht der Natur ein; die Kraft der Elemente, Licht und selbst die feuchte Brise nach dem abziehenden Regen sind fühlbar. Die Intensität der Naturbeobachtung macht Constable zu einem Wegbereiter pleinairistischer Malerei. Hier geht er über die bloße Schilderung von Lichteffekten hinaus und läßt auch Wolkenbewegung, Wind und feuchte Luft spürbar werden. *BM*

John Constable (1776–1837)

Das Haus des Admirals in Hampstead (The Grove), 1821/22
Öl auf Leinwand, 60 x 50 cm
Erworben 1905 als Geschenk von Paul Freiherr v. Merling

Seit 1819 hielt sich Constable, einer der führenden englischen Landschaftsmaler seiner Zeit, sommers regelmäßig in Hampstead bei London auf. Dort entstanden zahlreiche Landschafts- und Wolkenstudien, die aufgrund ihrer lebendigen Wahrnehmung atmosphäri-

Carl Blechen (1798–1840)

Unwetter in der römischen Campagna, 1829
Öl auf Pappe, 27,5 x 44,5 cm
Leihgabe der Bundesrepublik Deutschland

Während seines Italienaufenthaltes 1828/29 weilte Blechen mehrere Monate in Rom, um von dort aus die karge, leicht hügelige Ebene der römischen Campagna aufzusuchen. In zahlreichen Ölskizzen, meist im panoramaartigen Querformat, hielt er die räumliche Weite dieser Landschaft fest, wobei sein besonderes Interesse den Licht- und Wolkenerscheinungen galt. Dem grünbraunen Vordergrund folgt ein vom Sonnenlicht beschienenes Gelände, auf dem sich die Bogenreihe einer römischen Wasserleitung erstreckt. Den Landschaftseindruck beherrschend wölbt sich darüber ein düsterer gewittriger Himmel. *BV*

Carl Blechen (1798–1840)

Waldweg bei Spandau, um 1834
Öl auf Leinwand, 73 x 101,5 cm
Erworben 1890 als Geschenk des Geh. Kommerzienrates Glaser

In seiner letzten Schaffensphase malte Blechen eine Reihe von Wald- und Sumpflandschaften, mit denen er an die geheimnisvollen, dunkel gehaltenen Naturphantasien seines romantischen Frühwerkes anknüpfte. Umgeben vom undurchdringlichen Dickicht des Waldes steht eine junge Bäuerin mit ihrem Heubündel auf einer kleinen Holzbrücke. Ein Unwetter hat zahlreiche Pfützen und Wasserlachen auf dem morastigen Boden hinterlassen. Von gewaltigen Baumriesen hängen Äste düster herab; über einen Wasserlauf neigen sich vom Gegenlicht beschienene Stämme. Drei Fluchtpunkte lassen das Waldinterieur wie eine dreischiffige Basilika erscheinen. Durch das kathedralartige Gewölbe des dichten Blattwerkes dringen die Lichtstrahlen nur vereinzelt und verlieren sich unruhig im tiefen Schatten des Waldes. Mit spannungsreichen Hell-Dunkel-Effekten hat Blechen in diesem malerischen Werk dramatische Akzente gesetzt. Als zentraler Lichtpunkt korrespondiert die von der Sonne beschienene Frauengestalt mit dem Lichtfenster des Walddurchblicks, der die Aussicht auf eine vom Wasser umgebene gotische Kirche gewährt. *BV*

Carl Blechen (1798–1840)

Park der Villa d'Este, um 1832
Öl auf Leinwand, 127,5 x 94 cm
Aus dem Berliner Stadtschloß

Als eine der berühmtesten Sehenswürdigkeiten in der Umgebung Roms war die Villa d'Este für viele Künstler ein Anziehungspunkt. Das aus dem 16. Jahrhundert stammende Gebäude, der Park mit seinen Wasserspielen und nicht zuletzt die Zypressen haben auch Blechen fasziniert. Monumental und spannungsvoll sind Villa und Park in Szene gesetzt. Seitlich fällt Licht in zarten Dunstschleiern ein. Es erscheint substantiell. Auf der Allee wandeln Figuren in spanischer Hoftracht und im Kardinalspurpur. Einer Arabeske gleich lockern sie die Strenge der achsial ausgerichteten Komposition auf und vermitteln den manieristischen Geist dieser Anlage. *BV*

Carl Blechen (1798–1840)

Das Innere des Palmenhauses, 1832
Öl auf Papier auf Leinwand, 64 x 56 cm
Erworben 1891 aus der Sammlung Brose

Friedrich Wilhelm III. erteilte 1832 Blechen den Auftrag, das nach Schinkels Entwürfen errichtete Palmenhaus auf der Pfaueninsel zu malen. Ein Diptychon war geplant, das der König seiner Tochter, Zarin Alexandra von Rußland, schenken wollte. Blechen bereitete den für ihn bedeutsamen Auftrag sorgfältig vor. Neben zahlreichen Zeichnungen entstand diese exzellente Vorstudie des sonnendurchfluteten Raumes mit den tropischen Pflanzen und seinem duftenden Klima. Lagernde Odalisken bestärken den Zauber des Orients, der von den indischen Architekturelementen ausgeht. *BV*

Carl Blechen (1798–1840)

Schlucht bei Amalfi, 1831
Öl auf Leinwand, 110,3 x 77,5 cm
Erworben 1882

1828 reiste Blechen nach Italien. Das Erlebnis der südlichen Landschaft, deren Licht und Farben, inspirierten ihn zu zahlreichen Gemälden. Das Tal bei Amalfi hatte Blechen, auf einem Esel reitend, durchstreift. Dabei zeichnete und skizzierte er unermüdlich. Nach Berlin zurückgekehrt, malte er zwei Jahre später diese Gebirgslandschaft. Mit erhabener Wucht ragen Felsen aus üppigem Pflanzenwuchs hervor. Helles Licht dringt ins Tal. Eine Gruppe von Holzfällern schlägt Bäume für die Papiermühle, aus deren Schornstein Rauch aufsteigt. In der Betonung des Vertikalen und mit starken Helldunkel-Kontrasten hat Blechen in diesem äußerst malerischen Werk dramatische Akzente gesetzt. *BV*

Carl Blechen (1798–1840)

Walzwerk Neustadt-Eberswalde, um 1830
Öl auf Holz, 25,5 x 33 cm
Erworben 1891 aus der Sammlung Brose

In Eberswalde sah Blechen das am Finowkanal gelegene Messingwerk, eine der ersten metallverarbeitenden Fabriken in der Mark Brandenburg. Beeindruckt von der Größe der Anlage schuf er vor Ort mehrere Zeichnungen, nach denen dieses Gemälde entstand. Die in den Skizzen prosaisch aufgenommene Industriewirklichkeit hat Blechen in seinem Ölbild nobilitiert und durch die Figuren im Vordergrund zugleich entrückt. Am Finowkanal sitzt andächtig ein Angler, zwei Fischer holen ihre Netze ein. Mit dieser idyllischen Szene knüpft Blechen an Traditionen des 17. und 18. Jahrhunderts an. Dahinter erhebt sich, einer gewaltigen Festung gleich, bedrohlich das Walzwerk. Schwerer, beinah bleiern wirkender Rauch quillt aus den Schloten in den klaren gelblichen Abendhimmel und hinterläßt grünschwarze Schatten auf der Wasseroberfläche. Neben Christian Koesters »Kupferdrahtzieherei Stauf mit Neu-Leinigen« von 1810 und der von Alfred Rethel 1834 gemalten »Harkortschen Fabrik« gehört Blechens Bild zu den frühesten Darstellungen von Industrieanlagen in der europäischen Malerei. *BV*

Carl Blechen (1798–1840)

Blick auf Dächer und Gärten, um 1835
Öl auf Leinwand, 20 x 26 cm
Erworben 1891 aus der Sammlung Brose

Blechen malte hier den Ausblick aus seiner Wohnung in der Kochstraße Nr. 9 in Berlin, gelegen zwischen Wilhelm- und Friedrichstraße. Er verzichtete auf die traditionellen Kompositionsschemata der klassischen Landschaftsmalerei und wagte einen ungewöhnlichen, beliebig wirkenden Bildausschnitt. Rechts ragt spitzwinklig das Hausdach vor, während links der Blick auf den Hinterhof und die angrenzenden Gärten frei ist. Gerade noch hat es geregnet, im Hof stehen Pfützen. Mildes Licht wird vom feuchten Dach reflektiert. Die tonige Farbigkeit ruft eine gedämpfte Stimmung hervor. Blechen entschied sich hier für ein gänzlich unspektakuläres Alltagsmotiv. Mit spontan geführtem, expressivem Pinsel malte er, was er sah. Diesen kühnen Vorstoß Blechens hat Adolph Menzel in den 1840er Jahren in seinen Hinterhofansichten weiterentwickelt. *BV*

Carl Rottmann (1797–1850)

Schlachtfeld bei Marathon, 1849
Öl auf Leinwand, 91 x 90,5 cm
Erworben 1875

Zu den letzten Werken des Malers gehört diese visionäre Darstellung einer Schlacht. Sie wiederholt – summarischer und zeichenhafter – das Wandbild »Marathon« von 1848 (Enkaustik auf Stein; Neue Pinakothek, München). Das historische Ereignis der Schlacht bei Marathon, in der die Griechen 490 v. Chr. den entscheidenden Sieg über die Perser errangen, ist auf diesem Bild jedoch nicht einmal angedeutet, es wurde zum Kampf der Elemente abstrahiert, als Ringen zwischen Licht und Finsternis dargestellt.
Die Transponierung des Geschehens ins Kosmische erreichte Rottmann bereits in seinen Entwürfen, einer Skizze in Kohle auf Karton und einem Aquarellentwurf von 1841, auch auf dem Wandbild überhöht sie das reale Geschehen. Deutschland war seit den 1820er Jahren von einer großen Begeisterung für den Freiheitskampf der Griechen gegen die türkische Vorherrschaft erfaßt, in die eigene Sehnsüchte einflossen. 1832 wurde Prinz Otto von Bayern zum König von Griechenland gewählt. Ein Freskenzyklus zur griechischen Geschichte für die Arkaden des Hofgartens wurde geplant. 1834/35 bereiste Rottmann zur Vorbereitung dieses Projektes das verarmte Land mit der stolzen Vergangenheit. Wie die Reise vielleicht den Traum von Griechenland zerstörte, so hatte die gescheiterte Revolution von 1848 den deutschen Traum von einer gerechten Polis zunichte gemacht.
Schon die Zeitgenossen, so ein Rezensent im »Kunstblatt« von 1849, empfanden das düstere »Marathon«-Bild des alten Rottmann als eine »politische Landschaft«.

AW

Eduard Gaertner (1801–1877)

Die Parochialstraße, 1831
Öl auf Leinwand, 39 x 29 cm
Erworben 1861 als Vermächtnis des Konsuls Wagener

Die Parochialstraße war eine für Berlin typische Wohn- und Arbeitsgegend der Handwerker und Gewerbetreibenden. Gaertner hat die Atmosphäre des täglichen Schaffens mit Liebe zum Detail eingefangen. Erstes Sonnenlicht fällt auf die oberen Geschosse der schmalen Bürgerhäuser. Auf der mit Kopfsteinen gepflasterten Straße herrscht emsiges Treiben: Links ein Pfeife rauchender Kupferschmied mit ausgestellten Kesseln, gegenüber eine Gaststube, auf der Straße plaudernde Frauen beim Einkaufsgang. Von der Klosterstraße biegt eine Kutsche ein. Dahinter ragt Berlins älteste Kirche, St. Nikolai, auf. *BV*

Eduard Gaertner (1801–1877)

Ansicht der Rückfront der Häuser an der Schloßfreiheit, 1855
Öl auf Leinwand, 56 x 96 cm
Eigentum des Vereins der Freunde der Nationalgalerie

Gaertners Gemälde stellt jenen Teil der Bürgerstadt Berlins dar, der in der Wilhelminischen Ära den Repräsentationsansprüchen des Kaiserhauses weichen mußte. Die Häuserzeile am Spreeufer, dicht am Schloß liegend, wurde abgerissen und an ihrer Stelle 1896 das Kaiser-Wilhelm-Denkmal errichtet. Der Name Schloßfreiheit entstand, als 1678 dem Magistrat von Friedrichswerder das Recht der oberen Gerichtsbarkeit für diesen Ort verweigert wurde. Die prächtigen Bürgerhäuser mit ihren Warenmagazinen, Gold- und Silberläden werden von der Schloßkuppel Stülers überragt. Gegenüber sieht man Spaziergänger, spielende Kinder und Fuhrwerke. Eingerahmt wird die Ansicht durch bedeutende Schöpfungen Schinkels: rechts die Bauakademie, links die Schloßbrücke. *BV*

Johann Erdmann Hummel
(1769–1852)

Die Granitschale im
Berliner Lustgarten, 1831
Öl auf Leinwand, 66 x 89 cm
Erworben 1905

Das Bild der Granitschale, wie sie sich 1831 im Lustgarten auf leicht erhöhtem Podest präsentierte, zeigt zwei Sinnebenen: Vordergründig schildert Hummel, der oft »Perspektiv-Hummel« genannte Biedermeier-Maler, wie ein Chronist die provisorische Aufstellung der tonnenschweren, glänzend geschliffenen Schale aus der Fabrik des Unternehmers Cantian, beschreibt also mit teilnehmendem Stolz eine technische Glanzleistung seiner Zeit. Doch hintergründig parodiert er die von ihm so verehrte Epoche der Industriellen Revolution, indem er Cantian als Vertreter der Industrie und den Garde-Ulan als Vertreter des Staates klein und verzerrt als Spiegelungen am Schalenboden darstellt, während die übrige Berliner Gesellschaft buchstäblich Kopf steht, gleich ob Spießer oder vornehme Dame mit modischem Schutenhut. *BM*

Carl Begas d. Ä. (1797–1854)

Die Eltern des Künstlers,
nach 1826
Öl auf Leinwand, 40,7 x 81 cm
Erworben 1906 als Geschenk von Baurat
M. Friedeberg

Begas, Vater von vier als Maler und Bildhauer tätigen Söhnen, fand nach Studienaufenthalten in Paris und Rom mit diesem Doppelbildnis zu einer eigenen romantisch-realistischen Ausdrucksweise. Mit an Holbein gemahnender Detailtreue hat er seine Eltern in strengem Profil porträtiert. Die Köpfe vor dem dunklen Grund erhalten dadurch psychologische Eindringlichkeit. Die Grotesken des Rahmens fügen symbolische Bezüge hinzu: Dem Amtmann Begasse streckt eine weibliche Figur Lorbeer entgegen, eine zweite Figur bekränzt die Mutter. *AW*

Franz Krüger (1797–1857)

Ausritt des Prinzen Wilhelm
in Begleitung des Künstlers, 1836
Öl auf Leinwand, 31 x 24 cm
Erworben 1897

Als Hofmaler des Königshauses wurde Krüger des öfteren von Kronprinz Wilhelm, dem späteren ersten deutschen Kaiser, zum gemeinsamen Spazierritt eingeladen. Einen dieser gemeinsamen Ausritte zeigt das kleinformatige Gemälde, in dem Krüger sich und den Prinzen privat, ohne jede höfische Repräsentation, darstellte. Da sich ein Gewitter nähert, traben die Reiter in Eile nach Hause. Von seinem Begleiter unterscheidet den Thronfolger die Kleidung, das edlere Pferd, die elegantere Haltung und die Vordergrundposition. Der Künstler erscheint hinter ihm im Profil, aufrecht und konzentriert, ein scharfer beobachtender Blick geht seitwärts zum Prinzen. Dessen rassiges Pferd scheint durch das hohe Tempo zu schweben. Der Souverän schaut sich nach seinem nur mühsam Schritt haltenden Hund um. Seine wie zufällig wirkende Umwendung bestimmt die entscheidenden Bilddiagonalen, die ihn bedeutungsvoll ins Zentrum dieses erfrischend lichtvollen Bildes setzen.

BV

Franz Krüger (1797–1857)

Parade auf dem Opernplatz
in Berlin, 1824–30
Öl auf Leinwand, 249 x 374 cm
Erworben 1928

Krügers glanzvolles Hauptwerk wurde 1824 vom russischen Großfürsten Nikolaus, dem Schwiegersohn des Königs von Preußen, in Auftrag gegeben. Man brachte es in das Petersburger Winterpalais. Kurz vor dem Ersten Weltkrieg kam das Bild als Geschenk des Zaren an den Kaiser nach Berlin zurück und wurde im Schloß aufbewahrt. Erst 1928 gelangte es in den Besitz der Nationalgalerie. Mit topographischer Präzision hat Krüger das Panorama der preußischen ›via triumphalis‹ entfaltet, auf der eine

Parade des 6. Brandenburgischen Kürassierregimentes stattfindet, das der Großfürst und spätere Zar Nikolaus I. anführt. Man sieht ihn an der Spitze seiner Truppen auf König Friedrich Wilhelm III. zureiten. Die Hand grüßend am Federhut, steht dieser hoch zu Roß gegenüber der Neuen Wache. Entgegen der konventionellen Kompositionshierarchie des Ereignisbildes wird der Monarch vom Maler an den Rand des Ereignisses gerückt. Weder die fürstlichen Hauptpersonen noch die Parade selbst erregen vorrangig die Aufmerksamkeit. Es sind die Repräsentanten des Berliner Bürgertums, die den Straßenraum im Vordergrund vor dem Kastanienwäldchen zwischen Zeughaus und Schinkels Neuer Wache zur Freiluftbühne bürgerlicher Selbstdarstellung machen. Hier drängen sich die »bekanntesten Personen Berlins, ohne Unterschied des Standes: Professoren, Künstler, Beamte, Schauspielerinnen, Schauspieler, Staatsmänner, Militairpersonen, die täglichen Besucher der Kaffeehäuser und öffentlichen Spaziergänge, die bekanntesten Gaffer« (Athansius Raczyński, Geschichte der neueren deutschen Kunst, Bd. 3, 1841). Mit offensichtlicher Sympathie hat Krüger viele seiner Zeitgenossen porträtgetreu erfaßt, darunter Berühmtheiten wie die Bildhauer Schadow und Rauch, den Baumeister Schinkel, die Sängerin Henriette Sontag und den Geiger Paganini. Aber auch die einfachen Leute haben ihren Platz. Vor allem der Figur des Schusterjungen widmete sich der Künstler mit großer Aufmerksamkeit. Krüger vermied jegliche Steifheit und Uniformität. Vielmehr lag ihm daran, die Vielfalt und Vitalität des sozialen und geistigen Lebens Berlins darzustellen. *BV*

Alfred Rethel (1816–1859)

Porträt der Mutter des Künstlers, 1833–35
Öl auf Leinwand, 61 x 47 cm
Erworben 1935

Rethel, als Schöpfer der Aachener Karlsfresken bekannt, schuf mit dem frühen Bildnis seiner Mutter ein Hauptwerk der deutschen Porträtkunst des 19. Jahrhunderts. Entstanden während der Ausbildung an der Düsseldorfer Akademie unter Wilhelm von Schadow, bleibt es in seinem zeichnerischen Stil der nazarenischen Richtung verpflichtet. Die Qualität des Porträts zeigt sich in der genauen Detailbeobachtung, welche dem Betrachter die Dargestellte nahe bringt. *KS*

Johann Peter Hasenclever (1810–1853)

Das Lesekabinett, 1843
Öl auf Leinwand, 71 x 100 cm
Erworben 1861 als Vermächtnis des Konsuls Wagener

Öffentliche Leseräume waren seit Beginn des 19. Jahrhunderts wichtige Orte des Gesprächs und der Verbreitung aufklärerischer Gedanken. Das »Lesekabinett« folgt inhaltlich Hasenclevers Bildern »Die Politiker« von 1833/34, »Die Zeitungsleser«, 1835, und »Der Politiker«, 1839. In ihnen spielt die Presse als Instrument der Meinungsbildung motivisch eine wichtige Rolle. 1842 verstärkten sich in Deutschland die Beschränkungen durch die Zensur, 1843 wurde in Düsseldorf die »Rheinische Zeitung« verboten. Hasenclevers Freund, der Dichter Ferdinand Freiligrath (»Krieg den Palästen, Friede den Hütten«), hatte dort als Redakteur gewirkt. *AW*

Carl Spitzweg (1808–1885)

Der arme Poet, 1839
Öl auf Leinwand, 36,3 x 44,7 cm
Erworben 1908, gestohlen 1989

Spitzweg beurteilte dieses Bild als sein erstes gelungenes Genrebild. Es wurde sein berühmtestes. In einer ärmlichen, ungeheizten Dachkammer sitzt im Bett, in Decke und Mantel gehüllt, ein Dichter. Zwar scheint die Sonne durch das Fenster, aber die schneebedeckten Dächer gegenüber verraten den kalten Winter. Die Feder zwischen den Zähnen haltend, ist der Poet keineswegs mit Dichten befaßt. Seine Aufmerksamkeit gilt allein dem soeben gefangenen Floh zwischen den Fingern, seine Manuskripte liegen vor dem Ofen, um demnächst verheizt zu werden.
Spitzwegs hintersinniger Humor zielte auf das zu seiner Zeit unantastbare Ideal des Dichters und Künstlers schlechthin. Er wagte es, die literarisch geprägte Malerei im Stil der Nazarener zu kritisieren, was geteilte, sogar ablehnende Reaktionen auslöste. *BV*

Carl Spitzweg (1808–1885)

Drachensteigen,
um 1880/85
Öl auf Pappe, 38 x 12 cm
Erworben 1908

Das lichtdurchflutete Bild gehört zum Spätwerk Spitzwegs. Es schildert das von Kindern wie Erwachsenen geliebte Vergnügen, Drachen steigen zu lassen. Als Schauplatz der Szene wählte Spitzweg die Theresienwiese vor München. Die Silhouette der Stadt verliert sich im Hintergrund. Durch das ungewöhnlich steile Hochformat verlieh der Maler dem Himmel eine Unendlichkeit, die unwillkürlich Sehnsucht nach Leichtigkeit weckt. *BV*

Moritz von Schwind (1804–1871)

Abschied im Morgengrauen, 1859
Öl auf Pappe, 36 x 24 cm
Erworben 1910

In poetisch verallgemeinernden Bildern, von ihm selbst »Gelegenheitsgedichte« genannt, hielt Schwind gern Episoden seines Lebens fest. Er nannte diese Reihe kleiner Idyllen auch »Reisebilder«. Szenen, wie hier sein Abschied von Wien dreißig Jahre zuvor, sind zu einem lyrischen Bild verdichtet, dessen zeitlos gültige Wirkung auf dem schlüssig erfaßten Moment des Zurückblickens und Aufbrechens zugleich beruht. *AW*

Ludwig Richter (1803–1884)

Waldbrunnen bei Ariccia, 1831
Öl auf Leinwand, 47 x 61 cm
Erworben 1914 als Vermächtnis von G.A. Freund

In verklärender Sehnsucht nach dem Land seines künstlerischen Aufbruchs beschwor Ludwig Richter während seiner Zeichenlehrerzeit in Meißen malerisch immer wieder Erinnerungen an Italien. Im poetischen Gehalt seiner Bilder finden sich wichtige Begriffe der Zeit: das Wandern und die Rast, das Ferne und das Nahe, welches in Richters spätromantischer Malerei bald zur traulichen Nähe werden sollte. *AW*

Moritz von Schwind (1804–1871)

Die Rose oder Die Künstlerwanderung, 1846/47
Öl auf Leinwand, 216 x 134 cm
Erworben 1874

Wie zahlreiche andere selbsterfundene ›Bildnovellen‹ Schwinds erzählt »Die Rose« von einem romantisch verklärten Mittelalter, von deutschem Wald und Vogelsang und unerfüllten Liebesträumen. »Der Held«, schrieb der Maler, »ist der letzte der Musikanten, ein Mann von hohen Ideen«, jedoch »ein verdorbenes Genie«. Man errät, welche Sehnsüchte die fallengelassene Rose auslösen wird. Ein zentrales Thema Schwinds ist die Desillusionierung. *CK*

Ludwig Richter (1803–1884)

Teich im Riesengebirge, 1839
Öl auf Leinwand, 63 x 88 cm
Erworben 1878

1836 konnte man erstmals Bilder der modernen Düsseldorfer Malerschule in Dresden sehen. Ludwig Richter war vor allem von den realistischen Naturstudien August Schirmers tief beeindruckt. Sie hatten ihm »ein Licht aufgesteckt über eine Betrachtungs- und Auffassungsweise der Natur, wofür ich gar sehr dankbar bin«. Ein Nachklang dieses Eindrucks ist noch an dieser für Richter ungewöhnlich malerisch aufgefaßten Landschaft mit dramatischen Zügen zu erkennen. *AW*

Johan Christian Dahl
(1788–1857)

Gewitterwolken über dem Schloßturm von Dresden, um 1825
Öl auf Pappe, 21 x 22 cm
Erworben 1911 als Geschenk von Ludwig Justi

Nach seiner Italienreise von 1820/21, während der Dahl eine spontane, skizzierende Malweise entwickelt hatte, entstand in Dresden eine Serie von Wolkenstudien. Vermutlich hatte ihn sein Freund Carus, der wiederum von Luke Howards Wolkentheorien ausging, auf dieses Motiv aufmerksam gemacht. In einer ungewöhnlich sicheren, freien Pinselschrift hielt Dahl bei dieser Studie die sich bedrohlich über dem Schloßturm aufschichtenden Wolkengebilde fest. Wenige Farbtupfer genügten ihm, um den Turm im durchbrechenden Sonnenlicht aufleuchten zu lassen. Das brodelnde Drama der Gewitterwolken symbolisiert die ungebändigte Kraft der Natur im Sinne der Romantik und ist zugleich unvoreingenommene Registrierung meteorologischer Phänomene. Mit diesen kleinen Studien gewagter Bildausschnitte beschritt Dahl einen Weg, der vorauswies auf Prinzipien der Freilichtmalerei. *AW*

Wilhelm von Kobell (1766–1853)

Reiter am Tegernsee, 1832
Öl auf Eichenholz, 28,2 x 26,3 cm
Erworben 1928

»Begegnungsbilder« wurde diese von Kobell nach 1815 entwickelte Darstellungsform genannt – Bilder einander zugewandter und doch in stiller Vereinzelung verharrender Figuren. Die »Reiter am Tegernsee« treffen einander im hellen Mittelgrund des Bildes, an einer Wegkreuzung gleich einer Bühne oder einem Sockel. Die Szene wird von einer dunklen Bergkette hinterfangen. Selbst die Regenwand bringt keine Unruhe, sondern verstärkt noch den Eindruck von Symmetrie und Konzentration. Die Akteure des Geschehens – ein parallel zum Bildfeld stehender vornehmer Reiter auf einem Schimmel, ein Reitknecht links und ein Bauernpferd rechts, im Vordergrund zwei Hunde – sind jeweils mit einer klaren Kontur umgrenzt, die sich an keiner Stelle überschneidet. Als »gestaffelte Reliefkomposition« (Wichmann) wäre eine derartige Darstellung formal beschrieben. Ihr Ausdruck ist naiv und surreal zugleich. Die Figuren sind aufgestellt wie auf einem Kinderbild oder in einem Guckkasten. Wir sehen eine Handlung, deren Beteiligte erstarrt den Augenblick der Begegnung zur Dauer erheben; das Alltäglich-Diesseitige ist ritualisiert. Dem entsprechen die kühle, helle Farbigkeit und die glatte Lasurtechnik des Bildes, selbst die langen Schatten sind hell dargestellt.

AW

Ferdinand Georg Waldmüller
(1793–1865)

Bildnis der Mutter des Hauptmannes von Stierle-Holzmeister, um 1819
Öl auf Leinwand, 54 x 41 cm
Erworben 1909

26jährig erhielt Waldmüller seinen ersten großen Bildnisauftrag von Hauptmann Joseph von Stierle-Holzmeister, der ihn bat, seine Mutter, die ehemalige Hofburg-Schauspielerin und spätere Hofrätin Mierck, naturgetreu zu malen. In privater Sphäre, im roten Hauskleid, frontal und monumental den Bildrahmen füllend, tritt die alte Frau dem Betrachter in extremer Nahsicht gegenüber. Mit großem Raffinement sind Haut- und Stoffpartien farblich nuanciert und in Licht und Schatten modelliert. Kein Detail wird ausgelassen, nichts beschönigt. Der schwere Kopf scheint ohne Hals auf den Schultern zu ruhen. Auftragsgemäß wandte sich Waldmüller von der tradierten Form des Schauspielerporträts, wie er es später noch oft gestalten sollte, ab. Die Individualität, nicht den Status galt es zu vermitteln. In seinen Bildnissen vereinigte Waldmüller die Erfassung natürlicher und lebendiger Wirklichkeit mit sinnlich schöner Malerei. *KS*

Ferdinand Georg Waldmüller
(1793–1865)

Am Allerseelentag, 1839
Öl auf Holz, 37,4 x 47,3 cm
Aus der Sammlung Figdor

Das intime Format gibt dem Gemälde den Charakter eines Andachtsbildes. Auf einem Friedhof knien zwei Frauen, vermutlich Mutter und Tochter, vor einem frisch aufgeschütteten, mit Blumen geschmückten Grab. Die monumentalen Gestalten der in Trauerkleidung gewandeten Frauen heben sich silhouettenhaft gegen den bewölkten Himmel ab, Licht fällt auf ihre Gesichter. Waldmüller wiederholte diese an englische Genremalerei erinnernde Komposition leicht abgewandelt in seinem Gemälde »Johannisandacht« von 1840 (Privatsammlung). *KS*

Ferdinand Georg Waldmüller (1793–1865)

Praterlandschaft, 1830 (?)
(Eine Aupartie, Wasserulmen)
Öl auf Holz, 71 x 91,5 cm
Erworben 1905 von der Kunsthandlung H. O. Miethke in Wien; 1945–1999 verschollen, 2000 zurückgekehrt

Den Porträts und den Genrebildern gegenüber treten Waldmüllers Landschaften der Anzahl nach zurück, nicht aber an Bedeutung; denn sie zeigen, daß eine konsequente Freilichtmalerei auch möglich bleibt, wenn sie auf den subjektiv betonten, spontanen Pinselschwung verzichten, um das kleinteilige Detail zu retten. Das harte Licht und die heftigen räumlichen Kontraste späterer Bilder findet man in der frühen Praterlandschaft noch nicht. Ruhig dehnt sich unter den Laubmassen der Ulmen das Grün der Wiese bis in die lichte Ferne. Der Horizont liegt auffallend tief, ihn markieren die neuen Miethäuser der Wiener Leopoldstadt. Die sehr kleine, verdorbene Signatur wurde bisher aus stilistischen Gründen meist als »1830« gelesen. Damit wäre das Bild das erste in einer Serie von etwa zehn kleinen und vier größeren »Auparthien« aus dem Wiener Prater, deren letzte, die sogenannte »Große Praterlandschaft« (1849, Österreichische Galerie im Belvedere, Wien) deutlich schwerer und pathetischer wirkt als das in frisches Morgenlicht getauchte, nur durch eine kleine Staffagefigur belebte Berliner Bild. *CK*

Neben der Landschaft galt Waldmüllers Interesse in seinem Spätwerk zunehmend der Darstellung des ländlichen Alltags, oftmals von harmonischer Beschaulichkeit wie auch von sozialkritischer Aussage. Seine Modelle wählte er unter Straßenkindern, Bauern und Dienstmägden. In den späten Genrebildern beschäftigte ihn besonders die Gestaltung bewegter großer Figurengruppen. In grelles Sonnenlicht getaucht, treffen mehrere Gruppen der Kirchweihbesucher aufeinander. Dreiecksformationen und blaue Farbakzente bilden die Klammern, welche die Komposition zusammenhalten. Die Fluchten der Häuser akzentuieren diese Struktur, in welcher der aufragende Baum den einzigen vertikalen Fixpunkt bildet. Diese Form der Licht- und Gruppenregie zeugt von der Vertrautheit Waldmüllers mit der Bühne: Von 1811 bis 1813 war er in Agram (Zagreb) als Theatermaler tätig. *KS*

Ferdinand Georg Waldmüller (1793–1865)

Rückkehr von der Kirchweih, um 1859/60
Öl auf Holz, 74 x 94,4 cm
Erworben 1897; 1935 verkauft an die Reichskanzlei; Rückkauf 1991 mit Unterstützung des Ernst von Siemens-Kulturfonds

Friedrich Wasmann (1805–1886)

Porträt der Frau Josepha von Zallinger, geborene Amplatz, 1842
Öl auf Leinwand, 55 x 46 cm
Erworben 1932

Der gebürtige Hamburger Wasmann zog nach dem Studium an der Dresdner und Münchner Akademie nach Südtirol, wo er als Porträtist der bürgerlichen und adeligen Gesellschaft wirkte. Die Wurzeln seiner Porträtauffassung liegen in der romantisch-nazarenischen Tradition. Zugleich erinnern der klare, lineare Aufbau seiner Gemälde und ihre sorgsame, bis ins Detail naiv-ehrliche malerische Durchführung unmittelbar an Werke altdeutscher Meister. Das Porträt der Frau von Zallinger (1806–1890) ist eines seiner anspruchsvollsten Bildnisse. Ruhig und forschend richtet sich der Blick der jungen Frau auf den Betrachter. Weder die klare Lichtgebung noch die harmonisierend gewählten Farbtöne heben diese distanziert realistische Sachlichkeit auf. Wasmanns Porträtkunst ist der großen Form verpflichtet, in welcher Farbe und Zeichnung einander durchdringen. Er beschritt damit einen Weg, den später Leibl zum Höhepunkt führen sollte. *KS*

Louis Ferdinand von Rayski (1806–1890)

Bildnis der Freifrau Christine von Schönberg, um 1864–68
Öl auf Leinwand, 92 x 78 cm
Erworben 1915

Christine von Schönberg (1838–1903) war die zweite Frau des mit Rayski eng befreundeten sächsischen Grafen Erich von Schönberg. Kontrastierend zum samtigen Schwarz des Gewandes leuchtet das frische, rosige Gesicht mit dem braunen Haar vor dem diffusen Dunkel des Hintergrundes. Mit Verve hat Rayski das Bild mit großzügigen Pinselstrichen auf die Leinwand gebracht. Der skizzenhaften Anlage steht die große Ruhe entgegen, welche die junge Frau ausstrahlt. In aufrechter, monumentaler Haltung, das Bild in seiner Mittelachse bestimmend, nimmt sie den Raum ein und ist gleichsam eingesponnen in ihre eigene Welt. Rayskis Bildniskunst findet hier ihren prägnantesten Ausdruck, erinnernd an die sentimentalen Porträts des 18. Jahrhunderts und zugleich bereits den französischen Impressionisten nahestehend. *KS*

Louis Ferdinand von Rayski
(1806–1890)

Bildnis des Grafen Haubold von Einsiedel, 1855
Öl auf Leinwand, 73,3 x 61,9 cm
Erworben 1906

Der sächsische Adel des 19. Jahrhunderts fand in Ferdinand von Rayski seinen adäquaten Porträtisten. Drei Generationen der Familie Einsiedel ließen sich auf ihrem Stammsitz Schloß Milke in Sachsen von ihm porträtieren. Dort entstand auch das Kinderbildnis des früh verstorbenen Grafen Haubold (1844–1868). Kein Standesemblem weist auf den Rang des Dargestellten hin. Die Kleidung ist von großer Schlichtheit, formell und dennoch von einer gewissen Nachlässigkeit. Ungezwungen dem jugendlichen Alter des Elfjährigen entsprechend, wirkt das nur angedeutete Sitzmotiv, doch ist die Wahl des Halbfigurenausschnitts ebenso wie die selbstbewußte, aufrechte Haltung mit den leicht angewinkelten Armen letztlich eine Reminiszenz an barocke Repräsentationsbildnisse. Strenge Axialität und raumgreifende Monumentalität bestimmen wie im Bildnis der Christine von Schönberg den Bildaufbau. Die flächig angelegte Malweise unterscheidet sich von der Feinmalerei des Biedermeier und erinnert in ihrer gedämpften, erdigen Tonigkeit an die Palette Courbets.

KS

Adolph Menzel (1815–1905)

Die Berlin-Potsdamer Eisenbahn, 1847
Öl auf Leinwand, 42 x 52 cm
Erworben 1899

Die Potsdamer Eisenbahnlinie wurde 1838 nach fünfjährigen Vorbereitungen eröffnet, also noch in den Pionierjahren dieses Verkehrsmittels, das Menzel zeitlebens Motive lieferte. Ursprünglich interessierte ihn, wie eine Zeichnung (1845) belegt, nur die scharfe Kurve der Gleise in der durch die Verkehrstechnik gestörten Vorstadtlandschaft mit der Stadtsilhouette am Horizont. In der gemalten Fassung fügte Menzel die Lokomotive mit ihrem langen Zug hinzu. *CK*

Adolph Menzel (1815–1905)

Bauplatz mit Weiden, 1846
Öl auf Leinwand, 41 x 55 cm
Erworben 1906

Beinah bedrängend breitet sich vorn im Bild das silbrig schimmernde, verwehte Gezweig der Weiden aus. Menzel fand sie nicht weit von seiner Wohnung in Berlin in der Schöneberger Straße, am Schafgraben, dem späteren Landwehrkanal. Hinter einem Sandweg, hinter der zeitlosen Szene der Pferde an der Tränke, verkünden vor blauem Himmel, in harter Sonnenbeleuchtung, die ziegelroten und gelben Blöcke unfertiger Häuser und die auf Gerüsten arbeitenden Maurer das Vordringen der Großstadt. *CK*

Adolph Menzel (1815–1905)

Das Balkonzimmer, 1845
Öl auf Pappe, 58 x 47 cm
Erworben 1903

Von allen Zeugnissen der malerisch-spontanen Kunst des jungen Menzel ist »Das Balkonzimmer« eines der frühesten und das am meisten gerühmte. Im Unterschied zu den geläufigen Interieur-Bildern der Biedermeier-Zeit gibt es keine schlüssige Auskunft über die Beschaffenheit des Raumes. Zwei Drittel der Fläche stellen nichts als Leere dar. Einzelheiten lassen sich lediglich im Spiegelbild ablesen: ein kleinbürgerliches Inventar alltäglichster Art, in befremdlicher Unordnung und auch an sich keineswegs anheimelnd. Größere Partien sind ›unvollendet‹, was nur heißt, daß die Farbe, noch nicht in Gegenständlichkeit umgesetzt, Eigenleben bewahrt. Das eigentliche Sujet ist immateriell: Mit dem Windstoß, der die dünne weiße Gardine hereinweht, dringt volles Licht ein und damit alles, was den – gegenständlich nicht weiter definierten – Außenraum ausmacht. Eine im Sinne der linearen Konstruktion inkonsequente Perspektive, die den Boden nach vorn hin absinken läßt, suggeriert unterschiedliche Phasen des Wahrnehmens gleichzeitig. *CK*

Adolph Menzel (1815–1905)

Das Théâtre du Gymnase, 1856
Öl auf Leinwand, 46 x 62 cm
Erworben 1906

Oft wurde Menzel mit seinen französischen Zeitgenossen verglichen, meist in der Absicht, ein deutsches Gegenstück zum französischen Impressionismus, womöglich einen Vorläufer dieser Richtung, vorzuweisen. So einseitig diese Betrachtungsweise ist, vor dem »Théâtre du Gymnase« kann man nicht umhin, an die Theaterszenen von Daumier und vor allem von Degas zu denken. Letztere existierten noch längst nicht, als Menzel das Bild malte. Im Jahr zuvor hatte er sich zum ersten Mal in Paris aufgehalten, und fortan nannte er diese Großstadt »Babel«. Die Auffassung der aufgeregten, aber anonymen Zuschauer im verwirrenden Kunstlicht läßt weniger Raum für erzählerisches Detail als Menzels spätere Bilder städtischen Treibens. Aber schon hier fehlt ein Brennpunkt der Aufmerksamkeit: die in zeitgenössischem Kostüm agierenden Schauspieler der musikalischen Komödie, das Parkett, die Logen, alles bleibt Peripherie. Die Beiläufigkeit der Motive bereitet keineswegs auf den an Delacroix erinnernden dramatischen Farbklang von Blau, Rot und Goldgelb vor. *CK*

Adolph Menzel (1815–1905)

Atelierwand, 1852
Öl auf Papier, auf Holz kaschiert, 61 x 44 cm
Erworben 1906

Zweimal, 1852 und 1872, hat Menzel die rotgestrichene Wand seiner Werkstatt mit den daran aufgehängten Gipsabgüssen gemalt, beide Male in einer Beleuchtung von unten, die die Gegenstände zu beunruhigendem Leben erweckt. In der zweiten, größeren Fassung (Hamburger Kunsthalle) sind es vor allem Totenmasken, in der ersten sind es Abformungen von Gliedmaßen lebender Modelle, die jedoch in ihrer Fragmentierung und in der Nachbarschaft von Totenschädel und enthäuteter Hand wie Leichenteile wirken. Bewußt hat Menzel aber jene Antikenabgüsse beiseite gelassen, die zum akademischen Studienprogramm gehören: Die Palette am unteren Bildrand gleicht der Signatur unter einem allegorischen Bekenntnis zum Naturstudium. *CK*

Adolph Menzel (1815–1905)

Schlafzimmer des Künstlers in der Ritterstraße, 1847
Öl auf Pappe, 56 x 46 cm
Erworben 1905

Zwei Jahre nach dem gleichformatigen »Balkonzimmer« scheint Menzel zwei in dieser Zeit bevorzugte Motive, das Innenraumbild und den Fensterblick, miteinander verknüpfen zu wollen. Hier stehen beide im Gleichgewicht und zugleich miteinander im Wettstreit. Unerwarteterweise ist jedoch die Ferne – der Hof, die Hinterhäuser – kleinteiliger, schärfer gesehen und bunter, während der Blick über den großformigen, breit hingestrichenen Vordergrund, dessen Formen perspektivisch gerafft sind, eilig hinweggeführt wird. Die unförmige Masse des Bettes, das unter den dünnen Falten der Tagesdecke in schwerfällige Bewegung zu geraten scheint, nimmt beinahe die halbe Höhe des Bildes ein. Der fernen Alltags-Idylle ist eine geradezu lebensfeindliche Zone vorgelagert. *CK*

Adolph Menzel (1815–1905)

Flötenkonzert Friedrichs des Großen
in Sanssouci, 1850–52
Öl auf Leinwand, 142 x 205 cm
Erworben 1875

In den 1840er Jahren schuf Menzel für Franz Kuglers bis heute populäre »Geschichte Friedrichs des Großen« zahlreiche Illustrationen. Diese intensive Beschäftigung mit Zeit und Person Friedrichs II., der von 1740 bis 1786 regiert hatte, trug weit über die Buchillustrationen hinaus, die den Künstler bekannt machten, Früchte: Neben dem geschlossenen Gesellschaftsstück der »Tafelrunde« gehört das »Flötenkonzert« zu den Gemälden, in denen Menzel die Sujets mit ihrem zwischen Weltgeschichte und lokalhistorischem Patriotismus changierenden Gehalt vertiefte und mit malerischer Kraft und Freiheit abwandelte. Der Preußenkönig, der leidenschaftlich Traversflöte spielte und für dieses Instrument auch komponierte, musiziert anläßlich eines Besuches seiner Schwester, der Markgräfin von Bayreuth. Mit dem linken Fuß den Takt klopfend, improvisiert er am hohen Notenpult, das den Blickkontakt zum innehaltenden Orchester versperrt, so daß sich die bildparallel angeordnete, durch die Vordergrundfigur verklammerte Szene in Hörergruppe links und Kammerorchester rechts teilt. In der auf Vertikalen beruhenden Komposition fällt die extreme Verkürzung der Flöte auf: Menzels in Garderobe und Mobiliar historische Treue fixiert nicht das Instrument als anekdotisches Detail, sondern widmet sich dem musikalisch flirrenden, warmen Kerzenlicht in dem bühnenartig illuminierten, choreographisch rhythmisierten, nach rückwärts verfließenden Interieur des Konzertzimmers von Sanssouci. Er gibt statt einer Apotheose friderizianischer Kunstpflege eine atmosphärische Schilderung des Musizierens. *BM*

Adolph Menzel (1815–1905)

»Bonsoir, messieurs!« Friedrich II.
im Schloß zu Lissa, Skizze, 1856
Öl auf Papier auf Leinwand, 32,6 x 25,6 cm
Erworben 1889

In seiner »Geschichte Friedrichs des Großen« berichtete Franz Kugler von einem Ereignis des Siebenjährigen Krieges: Nach der siegreichen Schlacht bei Leuthen folgte der König von Preußen mit einem kleinen Trupp den geflohenen Feinden. Als die Preußen jedoch beschossen wurden, forderte Friedrich Verstärkung an. Er selbst ritt zum Schloß zu Lissa, wo er den überraschten Offizieren mit den Worten entgegentrat: »Bonsoir, messieurs! Gewiß werden Sie mich hier nicht vermuten. Kann man hier auch noch unterkommen?« In ihrer Verwirrung erkannten die Österreicher nicht, daß die Armee des Königs noch nicht eingetroffen war, die erst später die Feinde im Schloß festnahm. Menzel plazierte die Erkennungsszene ins Treppenhaus, in das Friedrich mit kühner Gebärde soeben eintritt. Entsprechend groß sind der Tumult und das Entsetzen der Österreicher. 1858 schuf Menzel nach dieser Skizze eine monumentale Fassung (Hamburger Kunsthalle). *BV*

Adolph Menzel (1815–1905)

Friedrichs des Großen Ansprache an seine Generale vor der Schlacht bei Leuthen, 1859–61
Öl auf Leinwand, 318 x 424 cm
Erworben 1905

Eine Gruppe von Generalen schart sich um Friedrich II., der ihnen, nachdem Preußen im Siebenjährigen Krieg mehrere Niederlagen erlitten hatte, die Wahl läßt, vor der bevorstehenden Entscheidungsschlacht ihren Dienst zu quittieren. Allerdings sollte diese Schlacht bei Leuthen 1757, in der große Teile Schlesiens wiedergewonnen wurden, die Geschicke Preußens wenden. Menzel vollendete das der Konzeption nach wohl repräsentativste seiner Friedrich-Bilder nicht und kratzte einzelne Partien aus, doch die erdig-neblige Tonigkeit des Wintermorgens und der von wenig Rot pointierte graubraune Grundton der Mäntel halten zusammen, was aufgrund des fragmentarischen Zustandes des Bildes auseinanderzufallen droht. Das Gemälde zeigt Menzels Arbeitsweise: einige Figuren sind nur in Umrissen skizziert, andere bereits ausgeführt. *BM*

Adolph Menzel (1815–1905)

Das Eisenwalzwerk
(Moderne Cyklopen), 1872–75
Öl auf Leinwand, 158 x 254 cm
Erworben 1875

Bereits mit Courbets 1851 entstandenen »Steineklopfern« hatte das Thema der körperlichen Arbeit Eingang in die Bildwelt des 19. Jahrhunderts gefunden. Menzels erste Zeichnungen einer Industrieanlage, des Heckmannschen Messingwerkes in Berlin, entstanden 1869. Der Anstoß für »Das Eisenwalzwerk« ging wohl von Menzels Freund Paul Meyerheim aus, der im Auftrag des Industriellen Borsig einen Zyklus zur Geschichte der Eisenbahn ausführte.
1872 reiste Menzel nach Königshütte in Oberschlesien, um sich mit den Gegebenheiten der dortigen Fabrik vertraut zu machen. In wochenlanger Arbeit zeichnete er Hunderte von vorbereitenden Skizzen. Die figurenreiche Darstellung des Gemäldes ist mit der gestalterischen Kraft des erfahrenen Malers großer Gruppenszenen als kraftvolle Demonstration moderner Industriearbeit komponiert. In dampferfüllter Dämmerung mischen sich flackerndes Glutlicht und bizarre Schatten zu einem dämonischen Schauspiel des Ringens von Mensch und Maschine. Dem bewegten und farblich dynamischen Mittelteil des Bildes wird im oberen Drittel der Bildfläche eine ruhigere, von diffusem Tageslicht erhellte Zone entgegengesetzt. Das scheinbare Chaos der komplizierten Maschinerie des Walzwerkes läßt die Abhängigkeit der Arbeiter, die sich diesem rigorosen Lauf unterzuordnen haben, deutlicher hervortreten.
Doch nicht den sozialkritischen Aspekten dieses Prozesses, sondern der künstlerischen Herausforderung, welche die Wiedergabe des Fabrikationsablaufes und die Gestaltung der beteiligten Menschengruppen erfordert, galt Menzels

vorrangiges Augenmerk. Das Alltägliche war ihm das Interessante, nicht die Darstellung der existentiellen Bedrohung des Menschen durch das Maschinenzeitalter. In »Das Eisenwalzwerk« gelangt Menzels Darstellung zu einem gestalterischen Höhepunkt. *KS*

Adolph Menzel (1815–1905)

Das Ballsouper, 1878
Öl auf Leinwand, 71 x 90 cm
Erworben 1906

Seit den 1860er Jahren nahm Menzel regelmäßig an den großen Festen im Berliner Schloß teil. Seine Eindrücke hielt er in Bildern fest, von denen »Das Ballsouper« das anspruchsvollste ist. Von erhöhtem Standpunkt aus wird die Ballgesellschaft während einer Tanzpause geschildert. In vibrierendem Farbenspiel hält Menzel anekdotisch Szenen inmitten gründerzeitlichen Pomps fest, schildert mit feiner Ironie die Tücken der angemessenen Haltung beim Speisen, das Flirren der Stimmen und die angeregte Stimmung. Das Gewimmel scheint ohne formalen Mittelpunkt zu sein, die Einheitlichkeit der Bildform wird erzielt durch die auf den Betrachter zufließende Bewegung des Menschenstroms. Die skizzenhafte Malweise bannt Details ebenso wie das atmosphärische Ganze. Ähnlich wie in früheren Interieurs wird die Gliederung des Raumes und seine Abstufung durch vielfältige Lichtbrechungen in Spiegeln und Lüstern erreicht. Die Wiedergabe von Innenräumen, Kronleuchterlicht und Kleiderprunk bildet in Menzels Spätwerk ein Gegengewicht zu den parallel entstandenen Straßen- oder Fabrikszenen wie »Das Eisenwalzwerk« und kennzeichnet sein zunehmendes Interesse an der Gestaltung von Menschenmassen. Wie so oft erweist sich auch hier Menzels scheinbar naturgetreue Akribie der Darstellung bei genauer Betrachtung als Illusion: Weder sind die Schloßräume genau dargestellt, noch sind in den Figuren Porträts bestimmter Personen erfaßt. Vermittelt wird ein Bild der Wilhelminischen Gesellschaft, die Menzel in ihrem Glanz brillant zu schildern vermochte, deren Zwiespältigkeit er jedoch als scheinbar neutraler Chronist registrierte. *KS*

Reinhold Begas (1831–1911)

Amor und Psyche, 1854–57
Marmor, 97 x 124 x 78 cm
Erworben 1971

Die Liebesgeschichte von Amor und Psyche, durch den antiken Dichter Apuleius überliefert, lockte die Künstler zu immer neuen Bildfindungen: Psyche, die allnächtlich von ihrem Liebhaber Amor besucht wird, der jedoch seine Gestalt und seinen Namen nicht preisgibt, erliegt ihrer Neugier und nähert sich dem Schlafenden, um mit Hilfe eines Öllämpchens seine wahre Gestalt zu sehen. Durch Unachtsamkeit fällt ein Tropfen heißen Öls auf Amor, woraufhin er, jäh aufgeschreckt, entflieht. Erst nachdem Psyche mehrere Proben bestanden hat und die Götter einwilligen, darf sie ihren Geliebten im Götterhimmel heiraten. Begas wählte für seine erste große eigenständige Skulptur den dramatischen Höhepunkt der Liebesgeschichte, da sich Psyche über den Geliebten beugt. Die Komposition ist in der Tradition klassizistischer Skulptur geschlossen und durch ein breit gelagertes Dreieck, dessen oberste Spitze durch den Kopf der Psyche markiert wird, eingefaßt. Sie baut sich über dem harmonischen Oval der Plinthe auf. Die Behandlung der Oberfläche wie der Einzelformen zeigt schon, wie Begas von der Strenge der Linien zu einer weichen, malerischen Modellierung gelangt, wie sie bald für den Neubarock charakteristisch wurde. *BM*

Reinhold Begas
(1831–1911)

Pan tröstet Psyche, 1857/58
Marmor, 132 x 101 x 67 cm
Erworben 1934

Von Amor, ihrem Geliebten, verlassen, beklagt Psyche ihre Neugier und deren Folgen. In betulicher, gleichwohl keuscher Weise wird sie durch den sonst oftmals zum Frivolen neigenden Naturgott Pan getröstet. Das Motiv gab Begas die Möglichkeit, mehrere Kontraste (weiblich/männlich, zart/derb, jugendlich/alt) in dieser Skulpturengruppe zu vereinen. *BM*

Reinhold Begas
(1831–1911)

Merkur entführt Psyche, 1870–78
Marmor, 205 x 130 x 95 cm
Erworben 1878

Der muskulöse Götterbote Merkur führt Psyche zu ihrem Liebhaber Amor. Der Ausdruck ehrfürchtig-andächtiger Liebe ist in dieser steil aufragenden, dramatisch raumgreifenden Skulptur einer koketten, beinah salonmäßigen Gefälligkeit gewichen, die sich in »Pan tröstet Psyche« bereits ankündigte. Der Wandel von innerlich und kompositorisch bedingter klassischer Ruhe hin zu neubarocker Bewegtheit ist charakteristisch für den maßgeblich von Begas geprägten Stilwandel der Gründerzeit. Während die frühe Gruppe harmonisierend das Gemeinsame der Figuren betont, knüpft dieses Werk an barocke Raptusgruppen an. *BM*

Gustav Eberlein (1847–1926)

Dornauszieher, 1879–86
Marmor, 156 x 57 x 78 cm
Erworben 1887

Formal abgeleitet vom antiken Dornauszieher ist Eberleins Figur durch zahlreiche Attribute über die Ebene des traditionellen Genremotivs hinausgehoben und zu einem Sinnbild des Bacchischen aufgeladen: Die Amphora, auf der der Jüngling sitzt, schmückt ein Fries, der den rauschhaften Zug der Bacchantinnen zum Fest des Dionysos zeigt; das Ziegenfell, der Kranz aus Trauben und Weinlaub im Haar sowie die Festons und Bukranien des hölzernen Sockels gehören ebenfalls zur Motivwelt des Weingottes. In dem Werk verschmelzen spätklassizistische Traditionen der Motivwahl mit veristischer Detailbehandlung und mit einem technisch perfekten Vortrag. *BM*

Adolf von Hildebrand
(1847–1921)

Ruhender Hirtenknabe, 1871–73
Marmor, 105 x 68 x 106 cm
Erworben 1903

In leichten Schlaf versunken, ruht der Hirtenknabe auf einem Felsstück. Seine Glieder wirken gelöst: Der linke Arm ist herabgesunken, der rechte liegt locker auf dem Stab, die Beine sind entspannt voreinander gesetzt, der Kopf auf die Brust gelehnt. Dieses Zusammenspiel erzeugt mehrere interessante Ansichten, doch bleibt der Ausdruck träumerischer Abgeschiedenheit des Knaben gegenüber der Außenwelt von allen Seiten gleich stark. Die klassisch anmutende Beruhigung, die neuartige summarische Behandlung des menschlichen Körpers (ohne detailgetreuen Naturalismus) sowie die exzellente technische Umsetzung sicherten der Figur, als sie im Jahre 1873 erstmals ausgestellt wurde, großen Erfolg. Conrad Fiedler, der Freund Hildebrands, schrieb über dessen Werke, daß in ihnen »das rein und echt Künstlerische allein zum Ausdruck kommt, es sind wieder einmal wahre, unverfälschte Kunstwerke und das ist es, was sie von der gesammten, heutigen sogenannten künstlerischen Productivität trennt«. *BM*

Adolf von Hildebrand
(1847–1921)

Dionysos, um 1900
Terrakotta, 145,5 x 144,5 x 16,5 cm
Leihgabe aus Privatbesitz

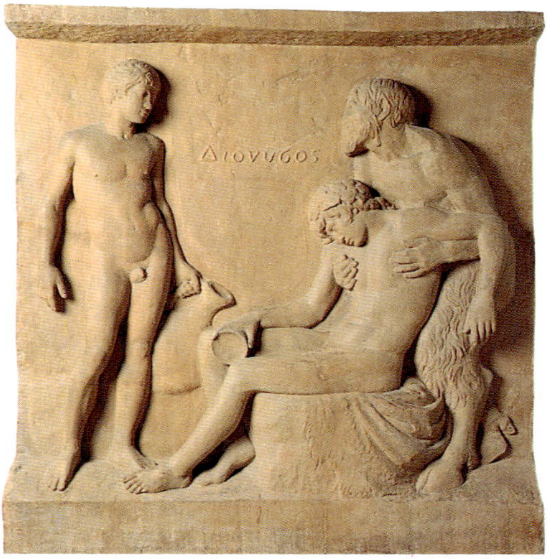

Kompositorisch beruht das Relief auf griechischen Grabreliefs, die die Verstorbenen sitzend, oft in Begleitung abschiednehmender Verwandter, darstellen; es verweist somit auf den Tod. Das Sujet hingegen zeigt Dionysos, den Gott der heiteren Feste und der weinseligen Lebensfreude. Der linke Jüngling kann als Ganymed, Mundschenk der Götter, benannt werden, während ein bocksfüßiger Silen von rechts an den trunkenen Bacchanten herantritt, um ihn zu stützen. So vermittelt das Relief zwischen Lebensfreude und Todesgedanken; es verweist auf die Endlichkeit jeglichen Lebensgenusses. Hildebrand bedient sich hier einer geradezu asketisch disziplinierten bildhauerischen Sprache, ordnet die Figuren parallel zum Reliefgrund an, baut die Komposition auf rechten Winkeln, Horizontalen und Vertikalen auf und vermittelt die getragene Grundstimmung einzig durch Gesten. *BM*

Adolf von Hildebrand
(1847–1921)

Jugendlicher Mann, 1881–84
Marmor, 183 x 67 x 48 cm
Erworben 1885

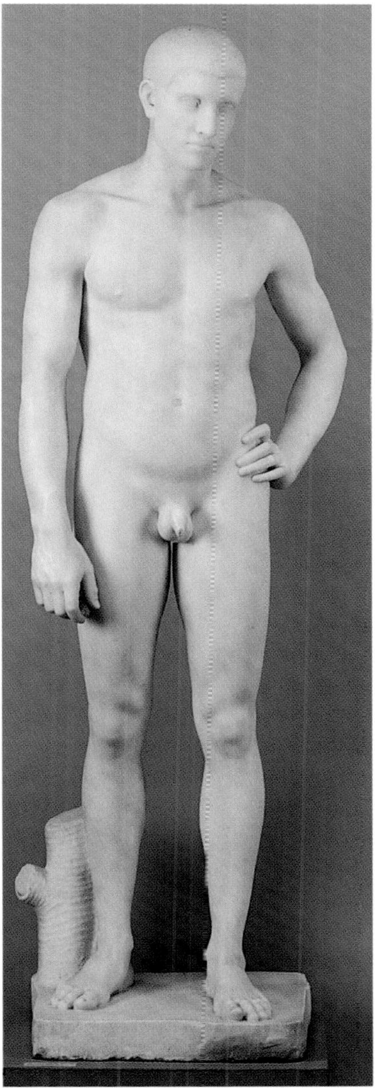

Bar jedes literarischen Bezuges, jedes Attributes und jeder genrehaften Geste steht in vollendeter Harmonie der lebensgroße jugendliche Mann da, vollkommen auf sich selbst bezogen, äußerlich unbewegt und innerlich ungerührt. Dieser Mensch, schrieb Hildebrand, »will gar nichts, tut nichts und hat, glaub ich, den Reiz des bloßen Seins«. Der Geist dieses jugendlichen Mannes setzt sich hinweg über das Hemmende des irdisch-schweren Körpers; seine Empfindungen erheben sich über die Gebundenheit an die Materie. So wird die Figur zum Abbild des schönen, wohlgebauten menschlichen Körpers, zugleich zum Sinnbild weitreichender Ungebundenheit und somit einer inneren Freiheit, die aus der Harmonie von Körper und Geist herrührt. Dieser ›Mensch an sich‹ – weder ein konkretes Individuum noch ein bestimmter Typus – verkörpert in seiner Verinnerlichung die selbstverlorene Weltabgewandtheit des deutschen Idealismus. Eine philosophische Strenge ist der Gestalt insofern eigen, als sie den kunsttheoretischen Bestrebungen Hildebrands, die sich im Geist des Neuklassizismus auf äußerste Klarheit der Ansichten einer Figur richteten, reinen Ausdruck verleiht. Die Einzigartigkeit dieser Figur mag auch Reinhold Begas, der erfolgreiche Bildhauer des Neubarock, erkannt haben, als er sich – gegen den Widerstand manches Zeitgenossen – für die Erwerbung der Statue durch die Nationalgalerie einsetzte. Die Modernität des Werkes in seiner Entstehungszeit läßt sich erst ganz ermessen, wenn man sich vergegenwärtigt, daß die neubarock-pathetische Tradition in der Skulptur noch lange weiterwirkte und daß beispielsweise Begas im kaiserlichen Auftrag um 1900 für den Berliner Tiergarten die Siegesallee schuf, eine nach Anspruch und Dimension monumentale Reihe überlebensgroßer Hohenzollern-Denkmäler. *BM*

Anselm Feuerbach (1829–1880)

Das Gastmahl,
zweite Fassung, 1871–1873/74
Öl auf Leinwand, 400 x 750 cm
Erworben 1878

»Den Sieg des preisgekrönten Tragödiendichters Agathon zu feiern, sind in seinem Hause die Freunde versammelt... Während sie sich nach dem Mahle in sinnvollen und heiteren Wechselreden ergehen über die Natur des mächtigsten und herrlichsten der Götter, des Eros, erscheint, von nächtlichem Feste heimkehrend, in bacchischem Geleite der wein- und lustberauschte Alkibiades. Er kommt, den Dichter zu bekränzen, welcher ihm freundlichen Willkomm bietet.«

So formulierte Henriette Feuerbach das in Platons philosophischem Dialog »Das Gastmahl« vorgefundene Sujet. Heimlicher geistiger Mittelpunkt der Szene ist der von ihr still abgewandte Sokrates. Die Spannung zwischen sinnlichem Genuß und philosophischer Spekulation wird anschaulich in dem Kontrast zwischen beiden Bildhälften. In der Mitte steht, vermittelnd und zugleich unentschieden, der lorbeerbekränzte Gastgeber.
Eine verspätete Programmerklärung des klassischen deutschen Bildungsideals, ein Epochenentwurf – die Blüte griechischer Kultur – und ein subjektives Bekenntnis, ein Exempel monumentaler Raumkunst, das nur noch im Museum seinen Platz finden kann: »Das

Gastmahl« hat Feuerbach zwanzig Jahre lang beschäftigt. Nach einer ersten Idee im Jahr 1854, muß 1860 die Komposition in ihren wesentlichen Zügen festgestanden haben, fünf Jahre später war ein großer Farbentwurf fertig; eine erste großformatige Bildfassung (Karlsruhe, Staatliche Kunsthalle) entstand von 1867 bis 1869. Das Echo war geteilt: Man erschrak vor dem kühlen Kolorit ebenso wie vor dem ›häßlichen‹ Modellrealismus.

Die bald darauf begonnene zweite Fassung ist in Architektur, dekorativem Detail und Kostüm nachdrücklich im Sinne des gründerzeitlichen Neubarocks bereichert; der von Kindern ausgebreitete schwere Blumenkranz ist neu hinzugekommen und findet ein Echo in den Fruchtgirlanden des gemalten Rahmens, der gleichfalls eine Zutat ist.

Der Sinn der neuen Motive aber erschöpft sich keinewegs in der Bereicherung; denn sie deuten alle symbolisch auf antike Opferbräuche und namentlich auf den Dionysoskult hin und unterstreichen die in der Komposition selbst mehrfach enthaltenen Anspielungen auf Dionysisches. Diese konzentrieren sich in der Figur des Alkibiades, einer Identifikationsfigur Feuerbachs. Im Kontrast zwischen ihrer Vitalität und der form- und geistbetonten Erscheinung des Agathon ist der innere Konflikt des Künstlers, der Kunst und der Zivilisation überhaupt gestaltet.

CK

Hochgefühl der Vollendung zweier Hauptwerke: der zweiten Fassung des »Gastmahls« und der zweiten »Amazonenschlacht«.
Das schlichte kragenlose Kleidungsstück scheint ein Ateliergewand zu sein; dennoch ist nichts von Boheme in der Erscheinung des gepflegten, jedes Details seiner Selbst bewußten, schönen Mannes. Venezianische Bildnisse der Spätrenaissance haben offenkundig nicht nur die schlichte Bildform angeregt, deren Ruhe der sehr bestimmten Kopfwendung Autorität verleiht und deren ebener Hintergrund nur durch eine Mauerkante unterbrochen wird; sie boten auch das Vorbild für die feine graue Farbigkeit. *CK*

Anselm Feuerbach (1829–1880)

Selbstbildnis, 1873
Öl auf Leinwand, 62 x 50 cm
Erworben 1899

Die auffallende Vorliebe Feuerbachs für Selbstdarstellungen in stolz distanzierter Haltung – oft mit Zigarette – reflektiert mehr als persönliche Eitelkeit: Sie drückt auch den Anspruch des Künstlers auf gesellschaftliche Geltung im Sinne einer Aristokratie des Geistes aus. Dieses Selbstbildnis malte der 44jährige im

Anselm Feuerbach (1829–1880)

Ricordo di Tivoli, 1866/67
Öl auf Leinwand, 194 x 131 cm
Erworben 1902

»Von einer genialen Nonchalance und Innigkeit« sei dieses Werk, urteilte der Künstler noch während er daran arbeitete. Es gehört zu den lyrischen Kompositionen, in denen Figur und Landschaft eng aufeinander bezogen werden, wobei träumerische Versunkenheit und der nach außen gerichtete Blick miteinander kontrastieren.
Die Eigenart dieser Fernbeziehung wird deutlich, wenn man etwa an Caspar David Friedrichs kleine, in die Bildtiefe gewandte Betrachterfiguren zurückdenkt. Feuerbach hingegen läßt seine groß in die Fläche gesetzten Gestalten wie Bühnenfiguren den entsprechenden Affekt vorführen.
Kinder – puttenähnlich nackt und heroisiert oder, wie hier, in ländlicher Tracht, jedoch immer von südlicher idealer Schönheit – verkörpern bei Feuerbach unverfälschtes Naturdasein.
Eine zweite Fassung dieser Komposition malte er bald darauf für den Grafen Schack in München; darüber hinaus gibt es in seinem Werk mehrere ähnliche Motive. *CK*

Hans von Marées (1837–1887)

Selbstbildnis mit gelbem Hut, 1874
Öl auf Leinwand, 97 x 80 cm
Erworben 1935, 2000

In kaum gemilderter Frontalität – gleich Dürers berühmtem, christusähnlichem Münchner Selbstbildnis –, mit einem Ausdruck von fast finsterem Ernst, den Stock wie eine Reitpeitsche auf den Knien, herrisch, unnahbar: der 37jährige zeigt sich eher wie ein Junker oder Großinquisitor denn wie ein Künstler. Er will als Hüter eines höheren Gesetzes wahrgenommen werden, entsprechend der von ihm gelebten Auffassung von einer Kunst, die sich über die Kontingenzen von Alltag und Gesellschaft hinwegschwingt. Marées lebte damals mit seinem jungen Bildhauerfreund Adolf Hildebrand im ehemaligen Kloster San Francesco bei Florenz, worauf die toskanische Landschaft im Hintergrund hindeutet; das Neapeler Freskenwerk (vgl. S. 85) war gerade vollendet, und die großzügige, reuelose Sicherheit, mit der es geschaffen wurde, wirkt in dem Berliner Bild trotz seiner dunklen, matten Farbigkeit nach. *CK*

Arnold Böcklin (1827–1901)

Selbstbildnis mit fiedelndem Tod, 1872
Öl auf Leinwand, 75 x 61 cm
Erworben 1898

Ob der personifizierte Tod auf dem Selbstbildnis Böcklins erst nachträglich hinzugefügt wurde, wie eine Anekdote besagt, wird ungewiß bleiben. Künstlerbildnisse mit einem Memento-mori-Motiv sind von alters her bekannt. Das anregende Vorbild für den fiedelnden Tod auf diesem Bild war wahrscheinlich das Porträt »Sir Bryan Tuke« in der Alten Pinakothek in München, der Stadt, in der Böcklin seit 1871 lebte. Es galt damals als ein Werk Hans Holbeins d. J., dessen Holzschnitte von Totentänzen mit Darstellungen des fiedelnden Todes Böcklin auch vertraut gewesen sein werden. In diesem Selbstbildnis spielt der Tod auf der tiefsten und zugleich der einzigen Saite der Violine, der G-Saite. Der Maler hält in der Arbeit aufmerkend inne. Der Anekdote zufolge hat Böcklin erst auf die Frage seiner Freunde, worauf er denn lausche, die Figur des Todes hinzugemalt. Der nach dem Tiefsten und Letzten forschende Zug dieser Selbstdarstellung ist damit angesprochen und der Inspirationscharakter des stets nahen Todes. Das so eindrückliche Bildnis regte Maler wie Hans Thoma und Lovis Corinth zu ähnlichen Selbstdarstellungen an. *AW*

Arnold Böcklin (1827–1901)

Die Toteninsel, 1883
Öl auf Holz, 80 x 150 cm
Erworben 1980

Den Herbst 1879 verbrachte Arnold Böcklin auf Ischia. Das auf einer kleinen Insel vorgelagerte Castello Alfonso gehörte zu den wichtigen Landschaftseindrücken dieser Reise. Als ihn 1880 die junge, verwitwete Marie Berna bei einem Atelierbesuch in Florenz um ein »Bild zum Träumen« bat, wird sich diese Erinnerung mit früheren Eindrücken, etwa von Toteninseln wie San Michele in Venedig und von etruskischen Felsnekropolen, verbunden haben. Die »Toteninsel« gehört zu den populärsten Bildfindungen Böcklins. Er erreichte diese Wirkung durch das Zusammenfügen weniger Motive zu einer eindrucksvollen Stimmungsformel. Die Bildmotive Insel, Wasser, Burg oder Villa am Meer sind bereits lange zuvor in seinem Werk zu erkennen. Hier aber sind sie zu einem Weltanschauungsbild verdichtet. Der dargestellte Ort ist unheimlich, der durch die Treppe geleitete Blick dringt nicht in das dunkle Innere. Die strenge Symmetrie, die ruhigen Senkrechten und Waagerechten, das kreisrunde, von hohen Felsmauern umgebene Eiland bewirken mit der magischen Beleuchtung eine Atmosphäre des Feierlich-Erhabenen, evozieren das Gefühl von Stille und Entrückung. Die unbewegte Wasserfläche und das Boot mit der weiß umhüllten Gestalt hinter dem Sarg fügen einen melancholischen Ton hinzu. Dieses Bild der Nationalgalerie ist die dritte von fünf Fassungen. Es wurde 1883 von dem Kunsthändler Fritz Gurlitt in Auftrag gegeben. Den einprägsamen Titel gab erst Gurlitt dem Gemälde, und geschäftstüchtig beauftragte er Max Klinger mit einer Radierung nach dem Werk. Es war diese Fassung, die den außerordentlichen Ruhm des Bildes im späten 19. Jahrhundert begründete. In zahllosen Stichen und Photographien verbreitet, spiegelt die »Toteninsel« das Lebensgefühl einer ganzen Epoche und konnte so zu einem Identifikations- und Lieblingsbild des Fin de siècle werden. *AW*

so beliebten Gestalt einer gefährlich lockenden Frau auf dem Felsen im Rhein. Romantische Wassergeister, Nixen und Seejungfrauen bevölkern die Literatur und Kunst des 19. Jahrhunderts. Böcklin wollte nach eigener Aussage mit dieser Komposition vor allem das akustische Phänomen der Brandung in Malerei umsetzen. Was die dargestellte Landschaft ahnen läßt, personifiziert die Frauengestalt mit der Harfe. Deren Saiten sind nicht nur sehr lang und stark, sondern auch alle gleich. »Der Ton der Brandung ist eben stets derselbe«, erklärte dies Böcklin 1879 einem Freund (vermutlich dachte Böcklin an eine sogenannte Äolsharfe). Ebenfalls um die Darstellung von Meeresrauschen geht es in dem Bild »Triton, auf einer Muschel blasend« von 1879/80. Nach Format und Komposition, vor allem der nach links gewandten Figur des Triton, könnte es ein Gegenstück zu »Meeresbrandung« sein. *AW*

Arnold Böcklin
(1827–1901)

Meeresbrandung
(Der Schall), 1879
Öl auf Holz, 121 x 82 cm
Erworben 1897

Das Meeresmotiv erscheint in Böcklins Werk seit den 1870er Jahren. Immer ist es belebt mit Wesen der Mythologie – Najaden, Tritonen, Nereiden. Eine »Meeresbrandung« malte er bereits 1877 mit einer stilisierteren, schemenhafteren Frauenerscheinung (heute Kunsthaus, Zürich). Sie zeigt eine überraschende formale Ähnlichkeit mit jener auf einer Radierung von Salomon Gessner: »Die sehnende Melida auf der einsamen Insel bei ihrer Schafherde«. Deutlicher klingt in beiden Bildern das Motiv der Lorelei an, der erst 1801 erdachten und bald

Hans von Marées (1837–1887)

Der heilige Georg, 1880–82
Öl auf Holz, 180 x 105 cm
Erworben 1907 als Schenkung von Adolf von Hildebrand

In seinen letzten Jahren malte Marées gleichzeitig an vier monumentalen Dreiflügelbildern, von denen eines – ehemals in der Nationalgalerie – seit 1945 verschollen ist; die drei anderen besitzt die Neue Pinakothek in München. Der religiösen Herkunft der Triptychon-Form entspricht nur bei einem von ihnen das Thema: »Die drei Reiter« zeigen mit den Heiligen Martin, Hubertus und Georg drei Formen der Tugend. Das Bild der Nationalgalerie ist der einzige erhaltene Flügel einer ersten Fassung.
Der römische Soldat Georg befreite durch seinen Drachenkampf eine Stadt, deren Einwohner sich zum Dank taufen ließen. Marées, der in Berlin und München als Pferde- und Militärmaler ausgebildet worden war, fand diese erste Fassung des Triptychons ›schaukelpferdartig‹: gemeint war wohl die fast abstrakte Dynamik der Diagonalen, die strenge, reliefartige Plastizität des in einer Glasfenster-Farbigkeit vor abendlicher Landschaft leuchtenden Reiters. In einem kleineren Bild der Nationalgalerie lieh Marées dem Drachenkämpfer die eigenen Züge. *CK*

Hans von Marées (1837–1887)

Drei Jünglinge in einem Orangenhain, 1878–83
Öl auf Holz, 98,7 x 65 cm
Erworben 1919

Handlungen und Situationen, die im geschichtlichen Raum anzusiedeln wären, gibt es in Marées' reifem Werk nicht. Mit dem Beieinander von Menschen in einem von den Stämmen junger Bäume strukturierten, zeitlosen Landschaftsraum werden Grundsituationen ausgedrückt: Jugend und Mannesalter, Aktivität und Kontemplation. In dieser Malerei scheint die Entzweiung von Natur und Mensch aufgehoben. Jede Stellung und Bewegung der Figuren dient ihrer Einfügung in eine rational geordnete Komposition aus senkrechten, waagerechten und schrägen Elementen. Dennoch herrscht eine lyrische Stimmung, getragen von einer Abenddämmerung, in der die Farben – viele

übereinandergelegte Schichten, deren letzte noch flüssig und skizzenhaft-frei aufgetragen ist – aus einer scheinbar unauslotbaren Tiefe aufglühen. *CK*

Hans von Marées (1837–1887)

Die Ruderer, 1873
Öl auf Leinwand, 166,5 x 136 cm
Erworben 1907

Marées' reifes Schaffen wird durch ein Freskenwerk eingeleitet, das sein einziges blieb. In der durch den darwinistisch motivierten Zoologen Anton Dohrn begründeten, unweit Neapel errichteten Station für Meereszoologie war ein Raum dem Studium und der abendlichen Geselligkeit vorbehalten. Gemeinsam mit dem jungen Bildhauer Adolf Hildebrand, der die dekorativen Einfassungen übernahm, gestaltete Marées alle vier Wände mit neun Fresken. Sie zeigten anstatt des zu erwartenden mythologischen oder allegorischen Programms Bilder von Landschaft und Alltag der Umgebung: die Ausfahrt von Fischern an der Küste vor Ischia, den Freundes- und Künstlerkreis um Dohrn vor einer Osteria, Menschen in einem Orangenhain. Weite Bildräume, der Verzicht auf Erzählendes zugunsten zeitloser Ruhe, die feierliche Strenge und Vereinfachung von Haltungen und Komposition, die Suche nach Größe und Allgemeingültigkeit: all das hebt Sujets, die damals nur der Genremalerei angemessen schienen, auf die Höhe des Idealen. Die Fresken entstanden innerhalb eines einzigen Sommers. Vorbereitet wurden sie unter anderem durch große farbige Skizzen, die nach dem lebenden Modell entstanden, während der betreffende Teil des Freskos schon durch Verputzen der Wand vorbereitet wurde; auf den noch nassen Bewurf mußte dann sehr zügig gemalt werden. In dem ausgeführten Fresko ist die Gruppe der Ruderer in die Ecke einer von der Darstellung des Himmels dominierten Fläche gerückt, die sie gleichwohl, dank der Dynamik paralleler Schrägbewegungen, beherrscht. Die dreizehn großen Ölskizzen ließ Marées unbeachtet in Neapel zurück; erst nach seinem Tod nahm Adolf Hildebrand sich ihrer an, fünf schenkte er der Nationalgalerie. *CK*

Wilhelm Leibl (1844–1900)

Porträt des Bürgermeisters Klein, um 1871
Öl auf Leinwand, 87 x 67 cm
Erworben 1906

Das kurz nach seinem Paris-Aufenthalt entstandene Porträt des Schwiegervaters seines Bruders – ein Frühwerk des Piloty-Schülers Leibl – zeigt eine Bildauffassung, die in der Absage an den Idealismus und in der freien Pinselschrift die Auseinandersetzung mit der Malerei Courbets verrät. Die in der kompositorischen Einfachheit und Strenge der Frontalansicht angelegte Monumentalität verwandelt sich unter dem Eindruck der Faktur des Bildes – kurze, breite, in ruhigem Duktus meist schräg von oben nach unten geführte, leicht unebene Pinselzüge, die sich an die Figur herantasten – zu einer Erscheinung ausgeglichener Lebendigkeit, die nicht vorab definiert, sondern nur in der Anschauung gebildet wird. Von den Zeitgenossen unverstanden und aufgrund seiner Orientierung an der französischen Malerei zur Zeit des Deutsch-Französischen Krieges ins Kreuzfeuer der Kritik geraten, errang das Frühwerk Leibls erst Anfang des 20. Jahrhunderts einen Ruhm, der es im Zeichen der Impressionismus-Rezeption zum Fanal einer neuen Epoche machte. *AB*

Wilhelm Leibl (1844–1900)

Die Wildschützen, um 1882–86
Öl auf Leinwand auf Holz, 55 x 42 cm
Erworben 1899

Das aus einem Zerstückelungsprozeß hervorgegangene Bild, das Leibls größtem und dramatischstem Gemälde entstammt, verrät das Drama des Gestaltungsprozesses. In der Absicht, von der »Holbeinschen Art« wegzukommen, griff Leibl zu einem Bildvorwurf, der ihm erlaubte, Bewegung, Leidenschaft und Erregung Gestalt zu verleihen. Die Programmatik des Bildes führt über viele Vorstudien zum erneuten Stilumbruch: Der glatte Farbaufstrich weicht breiten, energisch gesetzten Pinselstrichen, die die Gesichtszüge des jungen Mannes in ihrer Kantigkeit zum Ausdruck des Zorns werden lassen, anstelle der verbindlichen, den Fluß der Zeit vergessen machenden Detailbeobachtung schroffe Vereinfachungen, gesteigert durch den scharfen Helldunkel-Kontrast und die Distanzlosigkeit des Blicks. Corinth, der das gerade entstandene Bild noch unzerschnitten in Paris ausgestellt sah, spürte in ihm den »furor teutonicus«. Für Leibl selbst machte die mißglückte räumliche Ordnung nur die Diskrepanz zwischen seinem Anspruch und seinen Gestaltungsmöglichkeiten sichtbar. *AB*

Wilhelm Leibl (1844–1900)

Dachauerin mit Kind, 1873/74
Öl auf Holz, 86 x 68 cm
Erworben 1904

Als Leibl während seines Aufenthaltes in Graßlfing bei Dachau, 1873/74, die Ploner Müllerin malte, wird ihm seine Kopie nach einem Bild in der Alten Pinakothek, »Charlotte Butkens mit ihrem Sohn« von Cornelis de Vos, noch ganz präsent gewesen sein. Die »Dachauerin mit Kind« ist weniger prächtig gekleidet als jene, ihre dunkle Tracht aber bot Gelegenheit, verschiedensten Strukturen und Farbnuancen nachzuspüren. Leibls Vorstellung von »Ehrlichkeit« kam das schlichtere Modell sogar mehr entgegen, und seine monochrome Kleidung erlaubte eher den Eigenwert der puren Malfläche zu betonen. In beiden Fällen schaut die Mutter eher zurückhaltend, das Kind frei aus dem Bild heraus. »Sehr schön ist die Anordnung der Köpfe und Hände; sie gibt dem Bild etwas architektonisch Starkes. Mancher Betrachter möchte vielleicht fragen: wo ist das Geistige solcher Malerei? Die Antwort müßte lauten: es liegt in dem stillebenhaft Zuständlichen der dargestellten Erscheinungen, oder wenn man lieber will: in dem kosmisch Stillebenhaften jeglicher Erscheinung.« (Karl Scheffler)

AW

Unabhängig vom öffentlichen Erfolg und Kunstmarkt verfolgte der Wiener Maler, der sich um 1870 dem Leibl-Kreis anschloß, mit seinen Stillebenserien die Erforschung der künstlerischen Mittel. Die Umsetzung der Wahrnehmungsdaten in das System der Tonfolge, die aufs Bildganze berechnet ist, läßt das Medium der Malerei – die Farbmaterie, den Alla-prima-Duktus, die struktive Pinselführung und die Tektonik der Farbflecken – mit einer Dominanz hervortreten, die die Materialität der Gegenstände unterdrückt und sie dem form- und raumauflösenden Fluidum der selbstleuchtenden Farbe ausliefert. Malerei als generativer Prozeß: Dieses bildnerische Denken verschaffte Schuch in der Jahrhundertausstellung 1906 postum die Anerkennung als moderner Maler. *AB*

Carl Schuch (1846–1903)

Stilleben mit Rebhühnern und Käse, um 1885
Öl auf Leinwand, 76 x 63 cm
Erworben 1907

Louis Eysen (1843–1899)

Die Mutter des Künstlers, um 1877
Öl auf Leinwand, 54 x 42 cm
Erworben 1901 als Geschenk von M. Levy, Berlin

Der Frankfurter Landschaftsmaler Louis Eysen hinterließ auch einige Bildnisse. Er gehörte zum Künstlerkreis um Wilhelm Leibl; 1869/70 waren die Maler gemeinsam in Paris. Eine Offenbarung wurde für Eysen die Landschaftsmalerei von Gustave Courbet, als Porträtist aber scheint ihn Degas angeregt zu haben. Bei Edgar Degas insbesondere findet man diese extreme Nahsicht und den leichten Blick von oben, sind Bildnisse ange-

schnitten und aus der Mitte genommen, so daß der Eindruck eines zufälligen Ausschnittes entsteht. Gleichwohl ist die Dargestellte durch die konstruktiven Linien des Raumes fest ins Bildganze eingebunden.

AW

Wilhelm Trübner (1851–1917)

Auf dem Kanapee, 1872
Öl auf Leinwand, 52 x 45 cm
Erworben 1899 vom Künstler

In diesem genialen Jugendbild des Münchner Malers kommen verschiedenste Einflüsse in einem überzeugenden Meisterwerk zusammen. Die hochkultivierte Maltechnik der Leibl-Schule und das holländische Beispiel sind erkennbar. Vermutlich war auch die dänische Biedermeiermalerei vorbildlich. Wahrhaft modern an diesem Bild ist die Betonung der Bildfläche. So breitet sich das Kleid der Frau wie ein dunkler Fleck aus, um den herum Farben und Ornamente in eine dekorative Harmonie gebracht sind. Das ausdruckslose Gesicht der Dargestellten besitzt kein größeres optisches Gewicht als Hände und Butterbrot. Diese frontale Nahsicht, die Direktheit der Betrachtungsweise, konnte der junge Trübner an Leibl studieren, von dem er ein ähnliches Bildnis gerade erworben hatte, und an Courbet, der 1869 in München erstmals seine Bilder ausstellte und Leibl und seine Freunde tief beeindruckte.

AW

Wilhelm Trübner (1851–1917)

Klostergebäude auf der Herreninsel im Chiemsee, 1874
Öl auf Leinwand, 76 x 91 cm
Erworben 1897 vom Künstler

»Im Sommer ergriff Schuch immer eine unwiderstehliche Sehnsucht zum Landschaftsmalen, und so beschlossen wir, eine Inspektionstour nach der Insel Rügen, durch den Harz und durch den bayerischen Wald zu unternehmen, um schließlich am Chiemsee auf der Herreninsel Halt zu machen.« Mit dem Maler Carl Schuch hatte sich Trübner im Winter 1870/71 in München befreundet. Auf ihrer Sommerfahrt 1871 trafen sie am Walchensee in Oberbayern zufällig Wilhelm Leibl, der ihre Arbeiten begutachtete und bald ihr künstlerisches Vorbild wurde. Er riet Trübner mit Erfolg, die Akademie zu verlassen und sich im Kreis von Gleichgesinnten auf das genaue Naturstudium zu konzentrieren. Wie die anderen Maler des Leibl-Kreises malte Trübner ›alla prima‹, das heißt er setzte pastose Pinselflecken Naß in Naß direkt auf der Leinwand zu Bildern von großem Tonwertreichtum zusammen. In jenem Sommer 1874 am Chiemsee entdeckte Trübner, der mit Figurenbildern und Stilleben begonnen hatte, für sich die malerischen Möglichkeiten der Landschaft. Fortan gehörten schattige Baumgruppen, ruhige Parkanlagen und breit gelagerte, alte Gebäude zu seinen bevorzugten Motiven. Über die betont sachlich-spröden Bilder der Frühzeit berichtete Lovis Corinth: »Er verzichtete auf alles, was dem Publikum, auch seinen Kollegen gefallen konnte. Seine Bilder zeichneten sich durch Tonschönheit und rein malerische Wirkung aus, auch ein ungeheurer Ernst sprach aus seinen Werken, was vorläufig den Beobachter zwang, sich ablehnend zu verhalten.« Das »Klostergebäude auf der Herreninsel« mit dem flächigen Farbteppich des Wiesenhanges aus gedämpften Grün- und Brauntönen, dem bekrönenden Gebäude in Untersicht und dem silbrig leuchtenden Himmel über dem hochgezogenen Horizont gehört, wie die gesamte Folge der Herrenchiemsee-Bilder von 1874, zum Besten innerhalb des ungleichen Werkes dieses Malers. *AW*

Hans Thoma (1839–1924)

Feldblumenstrauß, 1872
Öl auf Leinwand, 77 x 55 cm
Erworben 1916

Das schwierige Motiv eines bunten, vielgestaltigen Feldblumenstraußes ist schlicht und ohne Sentimentalität gegeben. Im Frühjahr 1868 hatten die Maler Scholderer und Thoma auf einer Paris-Reise Courbet besucht und eine Ausstellung seiner Werke begeistert studiert. Unter dem Eindruck von Courbets Stillleben malte Thoma, wieder in München, eine Serie von Blumenstücken in lockerer, freier Pinselschrift vor dunklem Hintergrund. Auf dem Tisch finden sich meist zusätzliche Details – Gläser, Bücher, Tassen –, sie bilden ein erzählerisches Moment, das Thoma von dem Vorbild unterscheidet. *AW*

Hans Thoma (1839–1924)

Sommer, 1872
Öl auf Leinwand, 76 x 104 cm
Erworben 1926

Der malerisch reiche Wiesenhang mit Baumgruppe erhält seinen unwirklichen Ausdruck durch das leuchtend tiefe Blau des Himmels. Erst auf den zweiten Blick erkennt man, daß das musizierende Paar im Gras Renaissancekleidung trägt und damit die Darstellung zusätzlich der bloßen Naturschilderung enthebt. Die tanzenden Amoretten im Himmel, zunächst als Sommerwolke deutbar, verstärken den traumhaften Charakter des Bildes. Der Einfluß Böcklins wird hier besonders deutlich: Vorbildlich war ihm jedoch eher Böcklins kraftvolle Farbgebung, weniger dessen mythologische Motivwelt. *AW*

charakteristische Lichtwirkungen. Diese Auffassungen entwickelte Buchholz erstmals so klar und eigenständig mit dem frühlingshaft lichterfüllten, farbklaren Bild aus Oberweimar, das die graphischen Reize des Geästes mit der malerischen Wirkung der Blüten verbindet. Buchholz steht der frühen Freilichtmalerei auch hinsichtlich des unkonventionellen Bildausschnittes nahe. Die Intimität des kleinen Formats entspricht der subjektiven Wahl des unspektakulären Motivs, das ohne historischen Bezug und Staffage nur um seiner Stimmung und der Lichtwirkungen willen darstellungswürdig ist. *BM*

Karl Buchholz (1849–1889)

Frühling in Ehringsdorf, um 1872
Öl auf Leinwand, 60 x 49 cm
Erworben 1906

Die Landschaften von Karl Buchholz gehören zu den herausragenden Werken der Weimarer Malerschule, die sich schon bald nach ihrer Gründung 1860 bevorzugt diesem Fach zuwendete. Bekannt ist der nur 40jährig gestorbene Karl Buchholz vor allem durch seine poetisch gestimmten Gemälde, in denen er mit spitzem Pinsel und weichem Farbauftrag charakteristische Thüringer Landschaften wiedergibt, wobei es ihm nicht um weiträumige Veduten in topographischer Genauigkeit oder um einen heroischen Anspruch, sondern um malerische Ausschnitte ursprünglicher Winkel geht. Differenziert beobachtet er atmosphärische Erscheinungen und

Christian Rohlfs (1849–1918)

Chaussee nach Gelmeroda, 1893
Öl auf Leinwand, 55 x 62 cm
Erworben 1934

Gelmeroda, ein Dorf in der Nähe Weimars, hat seit dem 19. Jahrhundert bis hin zu Lyonel Feininger wiederholt Maler angezogen. Rohlfs zeigt nicht das Dorf mit dem spitzen Turmhelm, sondern den breiten, in winterliches Licht getauchten Weg, der sich zwischen Wiesen, Gärten und Bäumen in die Tiefe schlängelt. Die zwei bäuerlichen Staffagefiguren in Rückansicht schaffen Distanz, wodurch die Weiträumigkeit der Gegend betont wird. In solchen, für die frühe Phase seines Schaffens charakteristischen Gemälden trägt Rohlfs die Farben pastos auf. In späteren Jahren wechselte er zu einer stärker impressionistischen Landschaftsdarstellung; nach Versuchen in abstrakter Malweise wandelte er sich zu einem der bedeutenden Einzelgänger innerhalb des Expressionismus und gehörte schließlich zu den als »entartet« diffamierten Malern – eine Entwicklung, die angesichts seiner vor 1900 entstandenen Gemälde undenkbar scheint. *BM*

Fritz von Uhde (1848–1911)

Das Tischgebet, 1885
Öl auf Leinwand, 130 x 165 cm
Erworben 1886

Die um 1900 populären, großformatigen, religiösen Bilder Uhdes (»Lasset die Kindlein zu mir kommen«) wirkten zu ihrer Entstehungszeit auf manche Betrachter, so den Kaiser, in ihrer Auffassung revolutionär. Die biblischen Geschehen sind in die Alltagswelt seiner Zeit versetzt, Christus erscheint dort persönlich. Das soziale Milieu ist mit den Mitteln der neuen naturalistischen Malerei genau erfaßt. Es bedarf keiner theologischen Vermittlung. Häufig werden über der dominanten Thematik das feine Spiel von Licht und Schatten in den Bildern Uhdes und die reichen Farbmodulationen seiner hochkultivierten Freilichtmalerei übersehen. *AW*

Fritz von Uhde (1848–1911)

Leierkastenmann in Zandvoort, 1883
Öl auf Holz, 47 x 36 cm
Leihgabe der Bundesrepublik Deutschland

Uhde, der in München holländische Kostümstücke nach der Mode der Zeit malte, wurde durch Max Liebermann angeregt, in Holland vor Ort Landschaft und Leute zu studieren. Im Sommer 1882 fuhr er nach Zandvoort, dort entstanden die Studien zu beiden Versionen des Leierkastenmannes, um den sich die Kinder versammelt haben. Uhde wandte sich in Holland, wie vordem Liebermann, von der dunklen Ateliermalerei nach dem Vorbild Munkácsys ab und fand zur modernen Freilichtmalerei. In der Arbeit vor der Natur wurden seine Farben heller und reiner. Uhde schloß sich auch motivisch an Liebermann an, doch seine Bilder sind anekdotischer, und zunächst war er damit erfolgreicher. *AW*

Max Liebermann (1847–1935)

Gänserupferinnen, 1872
Öl auf Leinwand, 119,5 x 170,5 cm
Erworben 1894 als Vermächtnis des Vaters des Künstlers, Louis Liebermann

Bereits während der Weimarer Studienzeit entstand dieses frühe Meisterwerk des Malers. Noch fremden Einflüssen unterliegend, läßt es Künftiges doch erahnen. 1871 hatte Liebermann mit Theodor Hagen den Modemaler Mihaly Munkácsy in Düsseldorf besucht. In dessen Atelier sahen sie das fast vollendete Gemälde »Charpiezupferinnen«, das Liebermannn nachhaltig beeindruckte. Als ein Freund von einer Studienfahrt die Zeichnung Gänse rupfender Frauen mitbrachte, hatte Liebermann sein Motiv gefunden. Von dieser Vorlage übernahm er die Gesamtkomposition und von Munkácsy die Malweise. Detailstudien für das Bild fertigte er in Weimar an, als Vorlage für die männliche Figur verwendete er seine Zeichnung des letzten Kutschers von Goethe – Liebermanns Studentenwohnung in Weimar befand sich gegenüber dem Goethehaus. »Gänserupferinnen« ist das erste Bild, das der 25jährige Liebermann öffentlich ausstellte. Es wurde wegen des ›ärmlichen‹ Motivs und der dunklen Farbigkeit abgelehnt und verspottet; in dem Eisenbahnmillionär Strousberg aber fand es einen Käufer. Mit dem Erlös reiste Liebermann nach Paris und sah dort erstmals Bilder von Millet und Courbet. *AW*

Max Liebermann (1847–1935)

Flachsscheuer in Laren, 1887
Öl auf Leinwand, 134,5 x 231 cm
Erworben 1889

Die »Flachsscheuer in Laren« ist ein Hauptwerk unter Liebermanns großen Arbeits- und Gruppenbildern der 1880er Jahre. Für Liebermann und seine Künstlerfreunde war Holland zu dieser Zeit ein wichtiges Reiseziel. In Rembrandt und Frans Hals fanden sie ihre künstlerischen Vorbilder und in der Arbeit vor dem Motiv eine Möglichkeit, sich von der dunklen Ateliermalerei nach dem Vorbild Munkácsys zu befreien. Zudem fanden sie dort das Ideal von bürgerlichem Gemeinschaftssinn und einem festen sozialen Gefüge verwirklicht. Die Freilichtmalerei war zu dieser Zeit noch verwirrend modern, mehr brüskierte aber das groß aufgefaßte Thema: In der niedrigen, aber weitläufigen, hellen Scheune sind alle Figuren mit derselben Arbeit, dem Flachsspinnen, beschäftigt. An der Fensterwand sieht man Kinder, die mit Hilfe von Schwungrädern den Flachsfaden auf die Spindel wickeln. Frauen und Mädchen stehen verteilt im Raum, ein Flachsbündel unter dem Arm, spinnen sie in ihren Händen den Faden. Die Szene ist bestimmt von einem gleichmäßigen, starken Rhythmus; die Parallelen der Dielen und Balken verstärken kompositorisch den Gleichklang. Die spinnenden Frauen stehen im Raum wie Säulen. Dargestellt ist ruhige Alltäglichkeit, auch Dauer in der gleichförmigen, sich ständig wiederholenden Bewegung. Auch der Farbgebung fehlen dramatische Kontraste, sie ist zurückhaltend und kühl. Ein helles, silbrig-graues Licht, wie es Liebermann an Holland so liebte, umfängt die Szene. Überhaupt ist es das Licht, das hier in vielfältigen Reflexen Leben und Schönheit betont – eine Alltagspoesie von gelassenem Klang.

AW

Max Liebermann (1847–1935)

Schusterwerkstatt, 1881
Öl auf Holz, 64 x 80 cm
Erworben 1899

Liebermann malte die »Schusterwerkstatt« im Sommer 1881 in Dongen in vierzehntägiger Arbeit vor der Natur. Ein Jahr zuvor hatte er das Motiv entdeckt und eine Ölstudie gemacht, im Winter für das geplante Bild Modellstudien betrieben. Nun kehrte er gut vorbereitet mit einer passenden Holztafel zurück und suchte den ersten frischen

Eindruck neu zu beleben. 1882 schickte er das Bild auf die Pariser Kunstausstellung. Es wurde von dem Sänger und Kunstsammler Jean-Baptiste Faure erworben, von dem es die Nationalgalerie kaufte. Faure war ein früher Förderer der französischen Impressionisten. Der eher untypische Liebermann in seiner Sammlung zeigt, daß der Kunstkenner die beginnende Hinwendung des Malers zu den Prinzipien des Impressionismus in diesem Arbeitsbild voll sprühenden Lichts erkannte. Nichts erinnert mehr an die lastende Düsternis der »Gänserupferinnen«. Das durch das breite Fenster hereinbrechende Licht umfließt sichtbar Figuren und Dinge. *AW*

Max Liebermann (1847–1935)

Amsterdamer Waisenmädchen (Studie), 1876
Öl auf Leinwand, 67 x 89,5 cm
Erworben 1923

Den Sommer 1876 verbrachte Liebermann in Holland. In Haarlem kopierte er Bilder und Bilddetails von Frans Hals, vor allem dessen späte Arbeiten wie die »Regentinnen des Altmännerhauses in Haarlem«. Auf einem der Heimwege nach Amsterdam gelang ihm ein Blick in den Hof des dortigen Waisenhauses. Ihn faszinierte die Licht- und Farbsituation: die Kleider der Mädchen in den Farben der Stadt Rot-Schwarz im Zusammenklang mit Backsteinrot und Grün, das Spiel des Lichts und die harmonischen Bewegungen der Kinder in ihrem umgrenzten Aktionsraum. Auch die ähnliche soziale Situation wie auf den gerade studierten Darstellungen des 17. Jahrhunderts wird ihn berührt haben – die erste Skizze des Hofes befindet sich auf der Rückseite einer der Kopien nach Frans Hals. Das eigentliche Gemälde der Waisenmädchen malte Liebermann später im Atelier. Unsere Skizze, die den ersten, frischen Eindruck sehr treffend wiedergibt, erwarb Wilhelm Bode, der spätere Generaldirektor der Berliner Museen für seine private Sammlung. *AW*

Lesser Ury (1861–1931)

Estaminet – Flämische Schenke, 1884
Öl auf Leinwand, 100,5 x 52 cm
Erworben 1923

Das Interieurbild des künstlerischen Einzelgängers entstand nach einem längeren Paris-Aufenthalt in Belgien – drei Jahre vor der Übersiedlung nach Berlin, wo Ury seinen Ruf als Großstadtmaler begründete. »Verbindung von Palettenkunst mit wenig ausgebildetem Gestaltungsvermögen«, dieses Urteil der Zeitgenossen weist auf die Selbständigkeit hin, mit der Ury zeitgenössische Kunsterfahrungen verarbeitete. Besonders irritierend wirkte die Dualität des Bildes, die die impressionistische Sensibilität für Licht-Schatten-Phänomene zusammenbringt mit einem geometrischen Raum- und einem stereometrischen Körpersystem, die dem Motiv eine die alltägliche Situation transzendierende metaphysische Qualität verleihen. *AB*

Camille Corot (1796–1875)

Seinelandschaft bei Chatou, um 1855
Öl auf Leinwand, 37 x 64 cm
Erworben 1941

Im Unterschied zum kräftigen Lichtrealismus, der die erste Hälfte seines Schaffens prägt, steht Corots Malerei nach 1850 unter dem Zeichen einer träumerischen Hingabe an abendliche Stimmungen über Gewässern, die ein mildes Licht reflektieren, und an feine Übergänge von Silbergrau zu Grün. Wenn auch konkrete Örtlichkeiten dargestellt sind – Chatou befindet sich unweit Corots Elternhaus in Ville-d'Avray –, so deutet Corot sie doch, nach eigenem Bekenntnis, »ebenso mit dem Herzen wie mit dem Auge«. *CK*

Charles-François Daubigny (1817–1878)

Frühlingslandschaft, 1862
Öl auf Leinwand, 133 x 240 cm
Erworben 1906

Wie wenige Jahre später auch Monet besaß Daubigny ein kleines Atelierboot, mit dem er auf der Suche nach Motiven die Oise oder Seine entlangfuhr. Die vom Fluß aus gemalten Bilder haben häufig etwas Panoramaartiges. Selbst große Bilder beendete Daubigny gern vor der Natur, sie wirken dadurch unmittelbarer erfaßt als bei den meisten Malern von Barbizon. Die Impressionisten schätzten ihn als einen Vorläufer, und er wiederum verteidigte als Jurymitglied im »Salon« deren Werke. *AW*

Honoré Daumier (1808–1879)

Don Quichotte und
Sancho Pansa, um 1866
Öl auf Leinwand, 78 x 120 cm
Erworben 1906

Der Karikaturist Daumier, als Maler eher unbekannt, hat nach 1850 wiederholt Szenen aus dem parodistischen Ritterroman um Don Quichotte und dessen Diener Sancho Pansa dargestellt. Das große Werk des Spaniers Cervantes (1547–1616) beschreibt zeitlose Verhängnisse. Der schmächtige, fahrende Ritter Don Quichotte, der edle Taten sucht und gegen Windmühlen kämpft, ist auf groteske Weise heroisch. Da er seine Traumwelt für real nimmt, erscheint ihm die Welt verzaubert, Ideal und Wirklichkeit sind ihm unvereinbar. Die prosaische Wirklichkeit dagegen verkörpert Sancho Pansa. Die Ausdruckskraft der Gemälde Daumiers beruht auf der lockeren, expressiven Malweise. Daumier verzichtet auf kleinteiliges Erzählen, die Figuren des Cervantes sind durch Verknappung der Form und ausdrucksvolle Gestik zu eindringlich charakterisierten Typen stilisiert. *AW*

Constant Troyon (1810–1865)

Holzfäller, um 1855
Öl auf Leinwand, 42,5 x 55 cm
Erworben 1916

Im Wald bei Barbizon, nahe Paris, malten Troyon, Théodore Rousseau, Jules Dupré und andere ihre ländlichen Idyllen. Im Mittelgrund dieses Bildes arbeiten Holzfäller. Ihre farbige Kleidung, ein roter Fleck, etwas Blau, viel leuchtendes Weiß, bildet den notwendigen Farbakzent, um die zahlreichen Nuancen von Grün und Braun wahrnehmen zu können. Wir begegnen diesem Mittel auf vielen Bildern der Schule von Barbizon. Es ist ein charakteristisches Waldrandbild, nicht erhaben und nicht geheimnisvoll, jedoch intim und von wunderbarer Farbigkeit. *AW*

Gustave Courbet (1819–1877)

Das Mühlwehr, 1866
Öl auf Leinwand, 54 x 64,5 cm
Erworben 1896 als Geschenk von
James Simon

Courbet, der 1855 in Paris aus Protest gegen die Ablehnung seiner Bilder eine eigene Ausstellung unter dem Titel »Le réalisme« veranstaltet hatte, schlägt den Bogen von der Schule von Barbizon zur französischen Moderne. Seine Modernität gründet nicht auf Themen, sondern auf einem neuen Umgang mit der Farbe. Ihm zuerst wurde der Vorwurf der »Schmutzmalerei« gemacht, der einige Jahre später Nachfolger wie Max Liebermann traf.
Courbet malte zahlreiche Landschaften, am häufigsten die steilen Kalksteinwände des Jura und das Flußtal der Loue nahe seines Geburtsortes Ornans. Diese düstere Darstellung eines Wehres ist in der neuen, um 1865 entwickelten Spachteltechnik auf schwarzem Grund gemalt, nicht mit den leuchtenden Farbflecken anderer Bilder dieser Zeit, sondern ausschließlich mit gedeckten grünen, blauen und braunen Tönen. 1864 äußerte sich Courbet über den Aufbau eines Bildes aus dem Dunkel: »Sie wundern sich darüber, daß meine Leinwand schwarz ist. Aber die Natur ohne Sonne ist finster und schwarz; ich mache es wie das Licht, ich helle nur die vorspringenden Punkte auf, und das Bild steht.« Das bewegte oder ruhige Wasser, als Quelle sprudelnd, in einer Grotte stehend, frei fließend oder sich als Welle überschlagend, ist mit allen Deutungsmöglichkeiten ein Hauptmotiv in Courbets Malerei. Auf seinem berühmten allegorischen Atelierbild von 1855 stellte sich Courbet an einer Landschaft malend dar. Wieder ist es eine Gegend aus dem französischen Jura, gibt es eine Felswand, Wasser und eine Mühle. *AW*

Gustave Courbet (1819–1877)

Die Welle, 1870
Öl auf Leinwand, 112 x 144 cm
Erworben 1906 als Geschenk von
Guido Henckel von Donnersmarck

Wie einst Heinrich von Kleist den »Mönch am Meer«, so beschrieb Cézanne kongenial die mächtige »Welle« Courbets: »... die in Berlin ist wunderbar, eines der Wunder des Jahrhunderts, viel beweglicher, viel gespannter, mit einem giftigeren Grün, mit einem schmutzigeren Orange, als diese hier [Musée du Louvre, Paris], mit der schaumigen Gischt der Flut, die aus der Tiefe der Ewigkeit kommt, dem zerfetzten Himmel und der fahlen Schärfe. Es ist als käme sie gerade auf einen los, man schrickt zurück. Der ganze Saal riecht nach Wasserstaub«. 1869 in Etretat, in einem unmittelbar am Meer gelegenen Atelier, hatte Courbet anbrandende Wellen studiert. Er suchte ihre Gewalt und ungestüme Kraft durch radikale Bildmittel zu erfassen. Die zeitgenössische Kritik sah in den 1869/70 gemalten Wellenbildern auch eine politische Botschaft, republikanische Agitation, ein Bild der Kraft des Volkes.
Reine Ansichten der Natur symbolisch zu verstehen, hatte bereits die Romantik gelehrt. Die einzelne Woge gibt den Ausschnitt einer Unendlichkeit, wie das stürzende Wasser den flüchtigen Moment der Dauer. Die gespachtelte und geschichtete Farbe, mit dem Palettmesser großflächig verstrichen, gibt der

Darstellung des bewegten Elementes mauerhafte Festigkeit. Die Verbindung von Flüchtigkeit und Dauer hob bereits der Dichter Baudelaire an den Arbeiten Courbets hervor. *AW*

Constantin Meunier (1831–1905)

Heimkehr der Bergleute,
um 1897
Bronze in Holzrahmen,
Gesamtmaß 67 x 92 x 6 cm
Erworben 1898

Lange Zeit hindurch plante Meunier ein vielfiguriges Denkmal der Arbeit, das zu seiner Zeit jedoch nicht zustandekam. Er modellierte immer wieder Berg-, Hafen- und Landarbeiter, stellte ihre Welt in Reliefs, Statuen, Büsten und Gemälden dar und trug so dazu bei, daß der Lebensbereich des Proletariats für die Skulptur erschlossen wurde. Im Umfeld jenes konzipierten Denkmals steht das Relief, das eine Gruppe aus dem Schacht heimkehrender Bergleute mit ihren Werkzeugen und den typischen Lederkappen auf dem Kopf zeigt, athletisch, doch vom plötzlich wieder aufscheinenden Tageslicht geblendet und durch die Anstrengung der physischen Arbeit in eine animalische Stupidität verfallen. Die Grubenarbeiter gruppieren sich theatralisch in dichter Folge an den vorderen Rand; fern im Hintergrund sieht man Förderanlagen und einen qualmenden Schornstein. Meuniers Blick auf die Arbeiter ist geprägt von anerkennend-verehrender Teilnahme. Sein Pathos mischt sich allerdings mit eher fragender denn anklagender Sozialkritik. *BM*

Claude Monet (1840–1926)

Ansicht von Vétheuil, 1880
Öl auf Leinwand, 60 x 100 cm
Erworben 1896 mit einem Stiftungsbetrag von Karl von der Heydt

»Ansicht von Vétheuil« gehörte zu den ersten Ankäufen moderner Malerei des neuen Direktors Hugo von Tschudi in Paris. Julius Meier-Graefe sah das Bild im März 1898 in den neu eingerichteten Räumen der Nationalgalerie und notierte: »Dieser Monet scheint mir das werthvollste der französischen Gemälde. Es ist ein sehr seltenes Bild; ... es ist ein zarter Monet, aber in seiner fast roccocohaften Zartheit der Linie und der Farbe von der ganzen unwiderstehlichen Sicherheit aller Bilder des Meisters.« Mit der ungewöhnlichen Beschreibung »roccocohaft« erfaßt Meier-Graefe einen kennzeichnenden Zug von Monets Kunst um 1880. Sommer- wie Winteransichten von Vétheuil zeichnen sich durch eine neue pastellhafte Farbigkeit aus. Der Duktus ist beschwingter als in den 1870er Jahren, entschiedene kleine Farbstrichel zeugen von der sicheren, festen Pinselschrift des Malers. Manche Arbeiten erhalten dadurch einen beinahe dekorativen Zug, und sie wirken seltsam heiter. *AW*

Claude Monet (1840–1926)

St. Germain l'Auxerrois, 1867
Öl auf Leinwand, 79 x 98 cm
Erworben 1906 als Geschenk von Karl Hagen

Im Jahr 1865 durfte der junge Monet erstmals im »Salon des Beaux Arts«, der offiziellen Pariser Kunstausstellung, seine Bilder zeigen, 1867 bereits wurden Arbeiten von ihm refüsiert. Gerade zu dieser Zeit entwickelten Monet und seine Freunde die Prinzipien des Impressionismus, einer ganz dem ersten optischen Eindruck nachgehenden Malerei, die den vorgewußten Erwartungen des Publikums an das Aussehen der Dinge bald nicht mehr entsprach. Im April 1867 hatten Monet und Renoir die Direktion des Louvre um Erlaubnis gebeten, ihre Staffeleien im Säulengang des Perraultschen Flügels aufzustellen. Von diesem erhöhten Standpunkt aus malte Monet drei Ansichten der Stadt. Der Blick hinüber auf die gotische Kirche St. Germain l'Auxerrois und die sie umgebenden Wohnhäuser zeigt die Architektur in festen Formen, kunstvoll verschachtelte Volumina. Die blühenden Kastanienbäume und die nur noch als farbige Flecken dargestellten Spaziergänger weisen hingegen schon auf den reifen Impressionismus voraus. *AW*

Claude Monet (1840–1926)

Sommer, 1874
Öl auf Leinwand, 57 x 80 cm
Erworben 1907 als Geschenk von
Karl Hagen und Karl Steinbart

Im April und Mai 1874 hatten Monet und seine Künstler-Freunde ihre vom offiziellen »Salon« zurückgewiesenen Werke erstmals bei dem Photographen Nadar auf dem Boulevard des Capucines in Paris ausgestellt. Eine Zeitungskritik, die sich auf das Bild von Monet »Impression – Sonnenaufgang« von 1872 bezog, brachte ihnen den Spottnamen »Impressionisten« ein. Da es den Freunden jedoch in der Tat darum ging, allein die optische Erscheinung der Wirklichkeit festzuhalten, nahmen sie diesen Namen an. Den Sommer des Jahres verbrachten die Maler Renoir, Manet und Monet gemeinsam in Argenteuil an der Seine und suchten ihren künstlerischen Stil zu vervollkommnen. Zu den hier entstandenen Bildern Monets gehört auch dieser sonnenflirrende Wiesengrund mit den dunstigen Bergen in der Ferne, ein Bild, in dem die Figuren – seine Frau Camille und sein Sohn Jean – nicht mehr optische Präsenz besitzen als die windbewegten Bäume oder die farbigen Schatten auf dem gelben Gras. Es ging ihm, wie der Kommentator richtig erkannt hatte, um die reine Impression. Paul Cézanne wird später Ambroise Vollard gegenüber äußern: »Monet ist nur ein Auge, aber – bei Gott – was für ein Auge.« Das Gemälde »Sommer« war auf der zweiten Ausstellung bei Nadar 1876 zu sehen. Der Schriftsteller Emile Zola pries in seiner Rezension ausdrücklich dieses Bild Monets. *AW*

Edouard Manet (1832–1883)

Landhaus in Rueil, 1882
Öl auf Leinwand, 71,5 x 92,3 cm
Erworben 1906 als Geschenk von Karl Hagen

Edouard Manet nahm mit immer aufs neue von den Wirkungen der Farbe und des Lichtes fasziniertem Blick die vielfältigen Erscheinungen seiner vielgestaltigen Umwelt wahr: Nicht im Sinne einer treuen Vedute malte er das nahe Paris gelegene Haus seines Gastgebers, des Dichters Eugène Labiche, sondern er beschränkte sich auf eine Partie der Fassade, ausschnitthaft gesehen, wie man es von japanischen Holzschnitten kennt. Die Wahrnehmung des Ganzen wird durch die Detailsicht und zusätzlich durch den Baumstamm, der wohlkalkuliert die Ädikula als den funktionalen und ästhetischen Mittelpunkt des Hauses überschneidet, vorsätzlich gestört; Aufmerksamkeit und Faszination werden so gesteigert. Während die Fassade in gleißendes Sommerlicht getaucht ist, fühlt man den kühlenden Schatten, den jene Baumkrone spendet, die man oberhalb der Bildkante weiß. Man spürt auch die leichte Bewegung der Lichtflecken, die von einem zarten Lufthauch erzeugt wird. »Ein heiterer Geist hat mit reifer Meisterschaft diese Bilder geschaffen« (Hugo von Tschudi), und die Meisterschaft äußert sich in dem sensibel ausgewogenen Farbspiel, einem kräftigen Kontrast zwischen Rot und Grün und einem behutsamen Klang von Gelb- und Blautönen. *BM*

Edouard Manet
(1832–1883)

Fliederstrauß, um 1882
Öl auf Leinwand, 54 x 42 cm
Erworben 1909 als Vermächtnis von Felicie Bernstein

Der so lakonische wie farblich faszinierende Fliederstrauß gehört zu einer Gruppe von Stilleben, die Manet in der letzten Lebenszeit während seiner fortschreitenden Krankheit malte. In schlichter Auffassung notiert Manets Pinsel höchst sensibel die augenblickliche Wirkung des Lichtes auf den zarten Pastelltönen des Flieders, auf der unruhigen Oberfläche der Blüten und in der eigenwillig unruhigen Lichtbrechung im Wasser. Schon Jahrzehnte zuvor hatte er sich sparsamen Stilleben mit ihrer gleichwohl großen malerischen Finesse zugewandt; aber diese späten Bilder bieten in ihrer Konzentration auf einen fein abgestimmten Farbklang – hier sind es Blau-, Grün- und Brauntöne – und auf die genau beobachtete Materialität der schwer hängenden Blütenpracht reinste Malerei, die um ihrer selbst willen ausgeübt wird und in ihrer Konzentration die weise Beschränkung eines gereiften Altersstiles verrät. *BM*

Edouard Manet (1832–1883)

Im Wintergarten, 1879
Öl auf Leinwand, 115 x 150 cm
Erworben 1896 als Geschenk von Eduard Arnhold, Ernst und Robert von Mendelssohn und Hugo Oppenheim

Manet bevorzugte zweifigurige Gruppen gegenüber dem einfachen Porträt, da sie kompositorisch interessante Dialogsituationen ermöglichen. Das Doppelporträt des Jules Guillemet und seiner Frau, gemalt im Wintergarten des Malers Johann Georges Otto Rosen, gehört unter diesen Bildern zu den bedeutendsten, zumal es die psychologisch spannungsreich aufgebaute, nur vermeintlich lose Beziehung des Paares feinsinnig beschreibt und mit höchster Delikatesse der Farbabstufungen und -kontraste verbindet. Das Wechselspiel zwischen der eleganten Dame – sie besaß einen Modesalon in Paris – und dem sich ihr zuwendenden Herrn, der durch das Herabbeugen und durch die Berührung mit dem oberen Bildrand auffällig klein wirkt, während sich die weibliche Schönheit in ihrer kühlen, lässigen Noblesse bildfüllend ausbreitet, wird zum Sujet des Bildes. Trotz der trennenden Lehne, die in ihrer Transparenz einen geradezu graphischen Reiz besitzt, entsteht im Mittelpunkt des Bildes mit dem an Pflanzenformen und Farbnuancen reichen Wintergarten durch die einander angenäherten Hände der unscheinbare Höhepunkt des Ganzen.
Die Gemälde Edouard Manets faszinieren sowohl dank ihrer stets auf spannungsreichen Farbkontrasten basierenden, zugleich in den Abstufungen feintonigen Palette als auch dank der Sujets, die auf jeden literarischen oder symbolischen Gehalt verzichten: Hier herrscht höchste Malkultur bei ungemein produktiver Phantasie, unentwegter Aufmerksamkeit für alle optischen Erscheinungen und lakonischer Beobachtungsgabe, so daß sich aus allem Gesehenen ein subtil vermitteltes Erlebnis für die Augen ergibt. Insbesondere in den mehrfigurigen Kompositionen finden sich zudem psychologisch reizvolle, mit hohem dramaturgischen Geschick inszenierte Konstellationen zwischen den handelnden oder vielfach auch wortlos und stillebenhaft innehaltenden Personen. *BM*

Auguste Renoir (1841–1919)

Im Sommer, 1868
Öl auf Leinwand, 85 x 59 cm
Erworben 1907 als Stiftung von
Mathilde Kappel, Berlin

Lise Tréhot, Freundin des Malers über mehrere Jahre, stand ihm in unterschiedlichen Rollen Modell. Mit der ohne erotische Koketterie von der Schulter gleitenden Bluse, dem wirren, tiefschwarzen Haar, der offen frontalen Ansicht, die dennoch eine Blickbegegnung verweigert, steht die Gestalt in einer von der Romantik begründeten Tradition, vor allem aber, mit ihrer kräftigen Modellierung, in der Nachfolge Courbets. Das Sonnenlicht, das das mit breitem Pinsel angedeutete Blattwerk des Hintergrundes durchflirrt, erreicht nicht die in Atelierbeleuchtung gemalte Figur. *CK*

Auguste Renoir (1841–1919)

Nachmittag der Kinder in Wargemont, 1884
Öl auf Leinwand, 127 x 173 cm
Erworben 1906 als Stiftung des Bankiers Karl Hagen, Berlin

Mit dem Bankier und Diplomaten Paul Bérard und seiner Frau Marguerite hatte Renoir 1879 Freundschaft geschlossen. Für sie malte er Porträts, Stilleben und Landschaften, und er besuchte sie in Paris wie in ihrem Schloß in Wargemont bei Dieppe, wo auch das große Bild der Töchter Marguerite, Lucie und Marthe entstand. Renoir hat sie über mehrere Jahre hinweg auch einzeln gemalt; hier aber stellt die Inszenierung als Genrebild – im Sinne einer Jahrhunderte alten Konvention – Distanz zu den Porträtierten her. Bewußt sind Profil, Enface und Halbprofil nebeneinandergestellt. Die lineare Präzision entspricht der ›klassizistischen‹ Phase des Malers ebenso wie das schattenlose Geflecht transparenter, links äußerst kühler, rechts bunter Töne. Viele unterschiedliche Muster, wie auf japanischen Holzschnitten, unterstreichen die Einheit der Bildfläche. *CK*

Camille Pissarro (1830–1903)

Louveciennes mit dem Mont Valérien im Hintergrund, 1870
Öl auf Leinwand, 45 x 53 cm
Erworben 1961 mit Mitteln der Stiftung Deutsche Klassenlotterie Berlin

In dem westlich von Paris über der Seine gelegenen Dorf Louveciennes wohnte Pissarro von 1869 bis 1872 an der Straße nach Versailles. Hier wurde er von seinen Freunden Monet, Sisley und Renoir besucht. Mit pastosem, rauhem Farbauftrag malt Pissarro eines seiner alltäglichen Motive – ganz in der Nähe seines Hauses – und bekundet eine Aufrichtigkeit gegenüber der Natur, um derentwillen ihn seine Kollegen verehrten. Allein von 1870 sind 34 solche Darstellungen datiert. *CK*

Paul Cézanne (1839–1906)

Mühle an der Couleuvre bei Pontoise, 1881
Öl auf Leinwand, 72,5 x 90 cm
Erworben 1897 als Geschenk von Wilhelm Staudt, Berlin

Noch war Cézannes Kunst heftig umstritten, als die Nationalgalerie dieses Bild ankaufte: Erst zwei Jahre zuvor hatte der französische Staat widerwillig zwei seiner Werke als Teil der Schenkung Caillebotte angenommen, drei weitere jedoch zurückgewiesen. Lange pendelte der Maler zwischen seinem Geburtsort Aix-en-Provence und Paris, hielt sich aber auch in verschiedenen Städtchen der Île-de-France auf. In Pontoise, nordwestlich von Paris, lebte Camille Pissarro, und das gemeinsame Arbeiten während mehrerer Aufenthalte dort (seit 1872, zuletzt von Mai bis Oktober 1881) förderte Cézannes Entwicklung zur impressionistischen Hellfarbigkeit: »Wir leiten uns vielleicht alle von Pissarro her«, meinte er später. Der Ältere führte ihn auch zu jener Klarheit und Ruhe, die das Bild der Mühle prägen. Sie werden trotz einer staunenswerten Motivtreue erreicht: Das Aussehen des Moulin des Etannets an der Rue des deux ponts – einer von vielen Mühlen in dieser Gegend, zu deren Lebensgrundlagen der Kornhandel gehörte – ist durch alte Bilddokumente überliefert.
Die flachen weißen Häuser im Hintergrund wirken nüchtern. Zugleich wird eine geometrische Ordnung eingeführt, die die gesamte Bildfläche erfaßt. Die Komposition wird bestimmt von den einander durchdringenden strengen Senk- und Waagerechten. Diese verlaufen, über Unterbrechungen hinweg, durch das ganze Bild scheinbar parallel; bei näherem Besehen zeigt sich, daß sie im unteren Bildteil – das heißt in den vorderen Raumschichten – immer stärker in die Schräge abweichen. Die Palette besteht aus einigen Stufungen von Grün, luftigem Blau und Ocker. Da jeder Strich – gerade und kurz oder komma- und bisweilen gar lockenförmig – für sich bleibt, schließt sich die Farbe nicht gänzlich über dem Malgrund, an dessen Helligkeit und Immaterialität sie teilhat. *CK*

Paul Cézanne (1839–1906)

Stilleben mit Blumen und Früchten, um 1888–90
Öl auf Leinwand, 65,5 x 82 cm
Erworben 1906 als Geschenk von Robert Mendelssohn

In den 1880er Jahren bildeten Stilleben das zentrale Thema in Cézannes Werk. Es entstanden mehr als 170 Gemälde dieses Genres, bei denen er die immer gleichen Accessoires variierte, um zu neuen formalen und malerischen Lösungen zu gelangen. Holztisch, Tischtuch, Früchte und Ingwertopf gehören zu diesem Standardrepertoire, welches in dem Berliner Bild erstmals durch einen üppigen Feldblumenstrauß aus Margeriten, Nelken und Mohn ergänzt wird. Solch dekorativen Reichtum entwickelte Cézanne sonst in keinem seiner Stilleben. Dennoch bleibt der Raumcharakter einfach, bleibt die Strenge der formalen Aussage erhalten. Die Opulenz der rechten Bildhälfte wird ausgeglichen durch den dunklen Hintergrund und die Kühle des weißen Tischtuches. Die einzelnen Gegenstände sind sinnlich erfaßt und monolithhaft zueinander in den Raum und die Bildfläche gesetzt. Sie sind Ausdruck von Cézannes das Wesen der Dinge und ihre Bezüge suchendem Blick, der sich besonders in seiner Malweise niederschlägt. Die Umgebung wird flächenhaft erfaßt, die Fläche selbst lebt in jedem kleinen Detail, die Materie wird durchdrungen, aufgelöst und neu zusammengesetzt. Die Farbigkeit ist von unerschöpflichem Reichtum und vibriert durch den Wechsel fein abgestufter Lichtwerte und Töne. Kühle und harmonische Farbklänge aus Grün, Gelb, Violett sowie aus Rot, Weiß und Blau bestimmen das Bild. Der Wechsel der Blickwinkel, den Cézanne immer wieder durch neue Arrangements anstrebte, ist ein Versuch, die Gegenstände zu umfassen und zu begreifen. Bewußt wählte er das diffuse Atelierlicht statt des hellen Tageslichts, um die Körperhaftigkeit der Dinge stärker hervortreten zu lassen. In seinen Stilleben sind die Gegenstände, alltäglich benutzte, künstliche oder natürliche Dinge, ihrer eigentlichen Bestimmung enthoben. Cézannes Stilleben sind Spiegel der Erkenntnis der Gesetzmäßigkeiten der Welt und der Wiedergabe ihrer Komplexität. *KS*

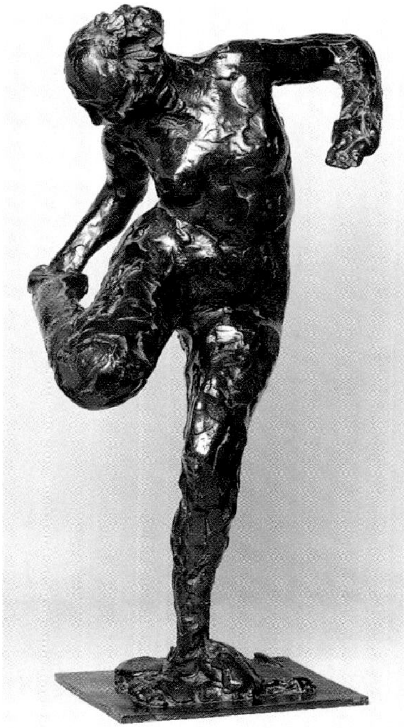

Edgar Degas (1834–1917)

Tänzerin, ihre rechte Fußsohle betrachtend, um 1910
Bronzeguß um 1919–25
Bronze, schwarz patiniert, 47 x 24 x 20 cm
Erworben 1926

Degas, Chronist pulsierender Urbanität, war auf Pferderennbahnen ebenso wie in Kneipen und in der Welt der Bühne beheimatet. Ein Großteil seines zu Lebzeiten unbekannt gebliebenen, in Wachs und Gips skizzierten, erst postum in Bronze gegossenen bildhauerischen Œuvres zeigt Tänzerinnen in Tanzposen oder in den Pausen. Die innehaltende Tänzerin, deren Blick sich auf die Fußsohle richtet, erinnert an den antiken Dornauszieher und an in seiner Nachfolge entstandene Skulpturen. In der Antike wie im Klassizismus wäre eine solch instabile Komposition undenkbar gewesen, die sich lediglich über einer labilen Stütze erhebt und mit rudernden Bewegungen in verschiedenen Richtungen in den Raum hinaus- und wieder zurückführt. In dieser unkonventionellen Auffassung sowie in der impressionistischen Oberflächenbehandlung liegen die besonderen Reize der Bildwerke von Degas. *BM*

Edgar Degas (1834–1917)

Tänzelndes Pferd, um 1890
Bronzeguß nach 1917
Bronze, 25,5 x 27,5 x 13 cm
Überwiesen 1952

Gleich zahlreichen anderen Wachsmodellen im Nachlaß Edgar Degas' war das Modell dieses Pferdchens in lädiertem Zustand, da der Künstler selber seinen von der Kritik ungünstig aufgenommenen plastischen Werken wenig Aufmerksamkeit schenkte. Zudem besaß er – ohne konventionelle Bildhauerausbildung – nicht das technische Wissen für den Aufbau eines haltbaren Modells und legte auf handwerkliche Perfektion keinen Wert. So tritt auch in der Bronze im Bereich der schlanken Läufe das Drahtgeflecht in Erscheinung, das am Original die partiell verlorene Wachsmodellierung zu tragen hatte. Der Kontrast zwischen den fragilen Partien und dem voluminösen Leib trägt dazu bei, daß das Pferd überaus leichtfüßig wirkt. Der schwerelose, spielerische Gesamteindruck wird unterstrichen durch den hoch erhobenen Kopf. Das unruhige Spiel des Lichts auf der fein abgestuft modellierten Oberfläche läßt trotz aller Körperlichkeit das tänzelnde Pferd – ganz im Sinne impressionistischer Augenblickswahrnehmung – geradezu im-

materiell erscheinen. Es ist deutlich zu erkennen, wie Degas die spontane sinnliche Wahrnehmung über eine ausführlich durcharbeitende Beschreibung des inneren Aufbaus und der anatomischen Einzelform setzt. *BM*

Edgar Degas (1834–1917)

Unterhaltung, um 1883
Pastell auf Pappe, 65 x 86 cm
Erworben 1896 als Geschenk von Oskar Huldschinsky

Ein erhaschter Blick zeigt zwei Frauen, die sich auf einen übereck gesehenen Tisch lehnen, während sich eine dritte im Hintergrund abwendet. Der Titel »La Conversation« weicht von der tatsächlichen Darstellung in irreführender Weise ab, denn jegliche Unterhaltung der drei Frauen ist längst verstummt. Degas, ein Meister des im Vorübergehen eingefangenen Eindrucks, fügt alle Willkürlichkeiten des an reportagehafte Augenblicksphotographie erinnernden Motivs zu einer wohldurchdachten Komposition: angeschnittene, gegeneinander versetzte und somit isolierte Figuren, bedeutungsschwer abgewandte Köpfe und verschattete Gesichter – durch diese Mittel entzieht er die schweigsamen Frauen dem Einblick. Ihre Gemeinsamkeit besteht nicht in stiller Übereinkunft; hier liegt vielmehr ein sinnleeres Warten in karger Umgebung in der Luft, brütend und in keiner Weise unterhaltsam. Während die impressionistische Malerei meist von der Leuchtkraft der Farben lebt, fällt hier wie auch bei anderen Pastellen und Ölgemälden von Degas die stumpfe Tonigkeit auf, die dem dämmrigen Innenraum angemessen ist und die triste Gesamtwirkung verstärkt. Der ocker changierende Grund der Pappe und die matten Töne der glanzlosen Pastellkreide sind dieser gedeckten Tonlage gemäß. Der Farbklang beruht auf Graugrün, Graublau und dem vergrauten Ziegelrot der Gewänder und wird von der Ockerpalette der Handschuhe und des Hintergrundes zusammengefaßt.
Degas hat bei seinen zahlreichen Pastellen häufig bildmäßige Formate benutzt und sich damit zu diesem zwischen Graphik und Malerei angesiedelten Medium bekannt, das seit Rokoko und Empfindsamkeit aus der Mode gekommen war. Die Gleichrangigkeit dieses Pastells mit Ölgemälden dürfte auch den Pariser Kunsthändler Durand-Ruel überzeugt haben, als er das Werk 1883 erwarb. *BM*

Schwere der gebeugten Haltung wird der geistige Schöpfungsprozeß vom leichten, poetischen Träumen abgegrenzt; und durch das offenbare körperliche Verhaftetsein im Irdischen wird die seit dem Sturm und Drang gültige idealisierende Auffassung von dem in seinem Gedankenflug ungebundenen kreativen Genie hin zu einer Auffassung korrigiert, die stärker die Schicksalsschwere des Lebens und Leidens reflektiert. Rodins »Denker« entstand im Zusammenhang mit einem der umfangreichsten Projekte des Bildhauers, der »Höllenpforte«, die 1880 in Auftrag gegeben wurde. Diese Plastik fand im Kontext der erst postum in Bronze gegossenen »Höllenpforte« erhöht an zentraler Stelle ihren Platz; die Unteransichtigkeit ist einkalkuliert. »Der Denker« wurde, als modernes Sinnbild des künstlerischen Schöpfungsakts verstanden, zu einem der bekanntesten Bildwerke Rodins. Ein überlebensgroßes Exemplar schmückt beziehungsreich Rodins Grabmal und spielt so auf die Schöpferkraft des Bildhauers, auf seine Auffassung vom Künstlertum und auf eines seiner Hauptwerke an. *BM*

Auguste Rodin (1840–1917)

Der Denker, um 1881–83
Bronze, 71 x 39 x 56,5 cm
Erworben 1905 als Geschenk von Oskar Huldschinsky

Der sitzende, den Kopf auf seinen Arm stützende Denker macht gestisch und mimisch die Anstrengungen geistiger Arbeit deutlich. Durch die grüblerische

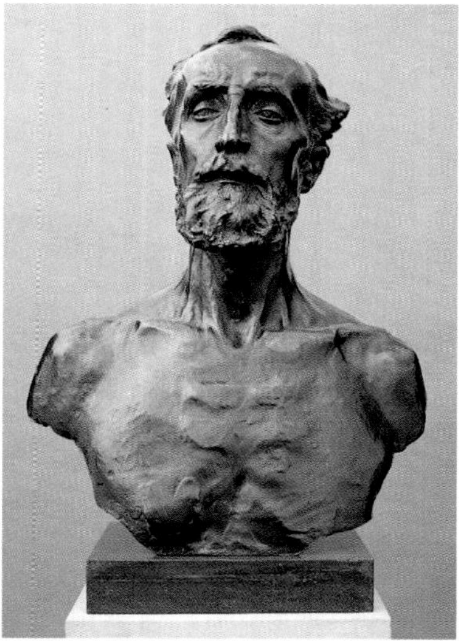

Auguste Rodin (1840–1917)

Büste des Bildhauers Jules Dalou, 1884–89
Bronze, 51,5 x 50 x 23,5 cm
Erworben 1896 als Geschenk von Max Liebermann

Unter Rodins Bildnisbüsten ragt das von stolzer Noblesse geprägte Porträt seines Lehrers Dalou heraus, in dem sich die genialische Individualität eines der erfolgreichsten Bildhauer der Epoche mit dem zeittypischen Selbstverständnis des Künstlerstandes überlagern. *BM*

Auguste Rodin (1840–1917)

Der Mensch und sein Gedanke, 1899/1900
Marmor, 77 x 46 x 55 cm
Erworben 1901 als Vermächtnis von Felix Koenigs

Andächtig kniet der bärtige Künstler vor seiner Schöpfung, einem mädchenhaften, träumerischen Wesen. Beide Gestalten lösen sich nur teilweise aus dem Fels: Der Schöpfungsakt ist noch nicht abgeschlossen; der Künstler haucht seiner Erfindung die Seele ein, dem kalten Stein wird – hier spielt das Pygmalion-Thema herein – mühevoll warmblütiges Leben gegeben. Diese Metapher des Werdens, die den momentanen Zustand des Unvollkommenen einschließt, findet in der fragmentarischen Form mit ihrer philosophischen Tragweite und der Assoziation nie endender Mühen den angemessenen Ausdruck. Ähnliche zweifigurige Gruppen ziehen sich durch Rodins Lebenswerk hindurch; in ihnen begegnen sich Gegensätzliches und Einendes, Männliches und Weibliches, Künstler und Muse, Andacht und Hingabe, Aktion und Kontemplation in vielschichtiger Weise. *BM*

Aristide Maillol (1861–1944)

Eva à la pomme, 1899
Bronze, 58 x 22 x 12,5 cm
Erworben 1978

Die unbekleidete weibliche Figur wendet den Kopf über die Schulter, blickt aber nicht auf den Apfel in ihrer Hand, der an die Symbolik des Sündenfalls und an die verbotene Frucht erinnern mag. Die Hand ist mit distanzierender Geste abgewinkelt. Maillol knüpft jedoch nicht nur an die christliche Bildtradition an; es stellt sich ebenfalls die Assoziation an das Parisurteil ein: So wäre Eva zugleich Venus, also nicht nur die Verführte, sondern zugleich auch die Erwählte. *BM*

Vincent van Gogh (1853–1890)

Le Moulin de la Galette, 1886
Öl auf Leinwand, 38 x 46,5 cm
Erworben 1929

Van Gogh, in den 1880er Jahren noch am Anfang seines künstlerischen Weges, begann nach zeichnerischen Studien seit 1884 das Problem der Malerei anzugehen. Er studierte die Farblehre von Delacroix, die »Grammaire des Arts du Dessin« von Charles Blanc und experimentierte mit deren Theorie der Komplementärfarben. Doch indem er bewußt stets Schwarz als Mischfarbe benutzte, entstanden tieftonige, fast monochrome Bilder. Erst das Studium der Werke von Frans Hals in Amsterdam und Rubens in Antwerpen überzeugte ihn, auch reine Farbwerte nebeneinanderzusetzen. Nach wie vor war sein Ziel nicht die Nachahmung der Natur, sondern die »Neuschöpfung in einer parallel verlaufenden Farbskala«. Auch van Goghs Bruder Theo hatte die »Schwarzmalerei« kritisiert und auf die Bilder der Impressionisten hingewiesen, mit denen er in Paris gerade zu handeln begann.

Eines der ersten farbklaren Werke zeigt die Mühle auf dem Montmartre, bald nach seiner Ankunft 1886 in Paris gemalt. Noch gedämpft zwar steht etwa reines Rot gegen Grün, Blau gegen Orange. Die zwei Pariser Jahre verhalfen van Gogh durch das Studium moderner Kunstströmungen und alter japanischer Farbholzschnitte zur Ausprägung seiner eigenen ausdrucksstarken, leuchtenden Farbgebung. *AW*

Medardo Rosso
(1858–1928)

Alter kranker Mann, 1889
Wachs auf Gipskern,
23 x 21,5 x 22,5 cm
Erworben 1972

Als Autodidakt entwickelte Medardo Rosso frei von aller klassischen Bildhauertradition des 19. Jahrhunderts eine Sprache, die den Sehgewohnheiten der Impressionisten nahekommt: Die Dinge wirken immateriell, haben keine scharfen Konturen und werden nur durch das Spiel des Lichts modelliert. Die Körperlichkeit wird aufgehoben durch eine schwebende Unbestimmtheit, indem Rosso auf anatomische Richtigkeit verzichtet und vieles skizzenhaft offenläßt. Der ›mürbe‹ Eindruck entspricht dem ausgeprägten Sinn für das Morbide des Fin de siècle. Aber auch Rossos Motivwelt ist auf den elegischen Klang eingestellt. Der sitzende Mann, der, in Decken gehüllt und von einer hohen Pelzmütze überragt, unter der Last seiner Jahre oder seines Schicksals in sich zusammensinkt, hält einen unbestimmbaren Gegenstand in seinen Händen, und er scheint wie verwunschen mit dem hohen Lehnstuhl eins geworden. Es bleibt das Rätsel des Betrachters, ob er ein Rabbi, ein Gelehrter oder ein Zauberer ist. *BM*

Maurice Denis
(1870–1943)

Eurydike, 1903/04
Öl auf Leinwand,
75,5 x 116,8 cm
Dauerleihgabe der Ernst von Siemens-Stiftung

Die in die Landschaft gestreuten Figurengruppen deuten Szenen aus dem Orpheus-Mythos an: Ein Bekränzter stützt die sterbende Geliebte Orpheus'; links wird die verhängnisvolle Schlange erschlagen. Der Graben im Mittelgrund bedeutet die Unterwelt, aus der Eurydike befreit wird. Da Orpheus sich trotz des Verbotes nach der Fliehenden umwendet, wird er sie von neuem verlieren. Ernst und Trauer des Mythos hinterfängt der friedliche Alltag der bretonischen Küste mit Badenden und Seglern, und in überraschender Weise verschmelzen Urzeit und Gegenwart miteinander, wird die vertraute Landschaft verfremdet und gewinnt zeitlose Größe. Der Flächenwirkung zuliebe nimmt der Mitbegründer der symbolistischen Malergruppe »Les Nabis« die Raumtiefe zurück und durchlichtet die Farbe. Die Nähe des Fauvismus wird spürbar. *CK*

Max Klinger (1857–1920)

Spaziergänger, 1878
Öl auf Holz, 37 x 86 cm
Erworben 1933

In der Spannung zwischen Phantasie- und Wirklichkeitsbildern radiert Klinger in Berlin seine erste graphische Folge und malt zugleich eine Momentaufnahme sozialen Zerfalls in der wachsenden Großstadt, deren Nähe leicht zu erraten ist. Hinter der langen, roten Mauer verbirgt sich eine Baustelle oder ein Fabrikgelände, vor ihr breitet sich die schon zerstörte Landschaft aus: öde Leere, deren geometrisch harte Abgrenzung nur von der Kurvatur eines Zauns gemildert wird. Ein junger Spaziergänger will sich, von Ganoven bedrängt, mit gezogenem Revolver zur Wehr setzen. Die rhythmisch wechselnden Abstände zwischen den Figuren und harte Schlagschatten unterstreichen ihre Vereinzelung. Der Einsatz einer kolportagehaften Spannung wirkt ironisch. *CK*

Anton von Werner (1843–1915)

Im Etappenquartier vor Paris
(24. Oktober 1870), 1894
Öl auf Leinwand, 120 x 158 cm
Erworben 1894

Eine Reise nach Versailles während des Deutsch-Französischen Krieges mit einem Trainkommando liegt dem 24 Jah-

re später vollendeten Bild zugrunde. Vom Hof protegiert und auserwählt, der Deutschen Nation die Ikone ihrer staatsrechtlichen Geburt zu schaffen, war Werner, seit 1875 Akademiedirektor, inzwischen zum Kunstpapst avanciert, dem Ende der 1890er Jahre mit Gründung der Secession sowie in international ausgerichteten Kunsthandlungen eine erbitterte Gegnerschaft erwuchs. Das Bild zeigt, wie deutsche Soldaten nach Requirierung eines eleganten Schlößchens in Brunoy im Salon musizieren. Werner sowie die Landeskunstkommission, die das Bild noch im Entstehungsjahr für die Sammlung der Nationalgalerie ankaufen ließ, waren sich der Popularität des Kriegsgenres bewußt. Doch was aus der Distanz in den Blick gerät, erschöpft sich nicht in der gewünschten Entlastungsfunktion. Unbeabsichtigt relativiert die Diskrepanz zwischen dem vornehmen Interieur des Second Empire und dem grobschlächtigen Auftreten der Soldaten, das auch ihre kultivierten Äußerungen umfaßt, das Siegespathos. *AB*

Max Klinger (1857–1920)

Amphitrite, 1895–99
Marmor, Augen mit Bernstein eingelegt, 178 x 47 x 42 cm
Erworben 1901 als Stiftung der Erben des Bankiers Felix Koenigs

Der Wunsch, die Grenzen der Einzelkünste zu überschreiten, hatte Klinger zur Skulptur geführt. Von der griechischen Insel Syros brachte er eine alte marmorne Treppenstufe mit, aus der eine Halbfigur entstehen sollte; erst im Laufe der Arbeit entschloß er sich, die verhüllten Beine anzufügen. Die Benennung nach der griechischen Meeresgöttin, der »Meerumrauschten«, mag durch die Herkunft des Steines angeregt worden sein. Das Fehlen von Armen erklärten sich die Zeitgenossen anekdotisch durch die geringen Maße des Steines; doch zeigte sich Klinger auch sonst am ästhetischen Problem des Torsos interessiert und näherte sich damit den Pionieren der Moderne. Dieser Betonung von Form und Material widerspricht allerdings die modellnahe, subtilnaturalistische Ausführung von Fleisch und dünnfließendem Stoff – um so mehr, als auch die Idealnormen der antiken Skulptur zugunsten eines zeitgenössischen, städtischen Menschentyps aufgegeben werden. *CK*

alten italienischen Rahmen zugeschnitten wurde. Die Gesichtszüge der jungen Frau gleichen jenen der »Flora« auf dem Verlobungsbild Ludwig von Hofmanns aus demselben Jahr. Die symbolreiche Darstellung scheint auch ein gemalter Lebenstraum zu sein. Das Haar der Badenden ist geschmückt mit einer bläulichen Mohnblume, einem alten Symbol für Schlaf und Traum und hier zugleich an die blaue Blume der Romantik erinnernd. Die mächtige Felswand am Ufer des Sees birgt eine geheimnisvolle Grotte, seit alters her auch ein Motiv erotischer Imagination. Das Bildfeld ist von roten Ranken umschlossen, die auch Blutgefäße sein könnten. Die Einbeziehung des Rahmens in das Bildganze kennzeichnet viele Werke des Jugendstils.

Ludwig von Hofmann (1861–1945)

Träumerei, um 1898
Öl auf Holz, 45 x 70,5 cm
Erworben 1972

Die idyllisch-arkadischen Landschaften Ludwig von Hofmanns sind ein Ausdruck der Stilkunstbewegung um 1900. Sie sind bevölkert mit schreitenden, tanzenden oder träumenden Menschen. Eine dekorative Symbolhaftigkeit beherrscht diese Bilder, wie Hofmann sie an den Arbeiten von Puvis de Chavannes, Maurice Denis und Albert Besnard in Paris bewundert hatte.
Die junge Frau der »Träumerei« ist umgeben von dem Lebenselement Wasser. Der Kopf in reinem Profil erinnert an die schönlinigen Frauenbildnisse der Florentiner Renaissance. Das Bild insgesamt vermittelt einen kostbaren Eindruck: Es ist in feinster Farbmodulation auf eine Holztafel gemalt, die für einen alten italienischen Rahmen zugeschnitten wurde.

AW

Franz von Stuck (1863–1928)

Selbstbildnis im Atelier, 1905
Öl auf Leinwand, 72,5 x 76 cm
Leihgabe der Bundesrepublik Deutschland

Stuck weist sich durch Palette, Pinsel und Staffelei im Hintergrund als Künstler aus. Im Malen innehaltend, begutachtet er das Geschaffene, und zwar sowohl das momentan in Arbeit befindliche Gemälde als auch das Interieur seines Münchner Ateliers. Seine bourgeoise Künstlervilla war von ihm im Sinn eines umfassenden Credo ausgestaltet. Von dieser Dekoration sind im Hintergrund erkennbar der unterhalb der renaissancehaften Decke umlaufende Fries jagender Kentauren (ein aufgrund der hintergründigen Doppelnatur von Tier und Mensch beliebtes Motiv in Stucks Malerei und Skulptur) und die Namen von

Künstlern, in deren Tradition Stuck sich sah, neben Phidias, dem gefeiertsten Künstler der Antike, und anderen auch Michelangelo. So mißt sich Stuck mit einem der größten Genies der Renaissance, und auf dessen Universalismus erhob er auch – nicht ohne Selbstüberhebung – Anspruch. Unter Stucks Selbstporträts nimmt dieses, das, wie so oft bei ihm, unter Zuhilfenahme von Photographien entstand und das im Jahr seiner Nobilitierung gemalt wurde, einen insofern besonderen Platz ein, als er sich – voller Stolz und ein wenig pathetisch – betont unteransichtig zeigt, also sich selbst gegenüber dem Betrachter erhöht. Kleidung, Frisur und Bart sind wohlgeordnet: Stuck ist der Münchner Maler-Fürst schlechthin.
BM

Franz von Stuck (1863–1928)

Die Sünde, um 1912
Öl auf Leinwand, 88 x 52 cm
Leihgabe der Bundesrepublik Deutschland (Gemälde) und Leihgabe Museum Villa Stuck, München (Rahmen)

Die berüchtigtste und nach der »Toteninsel« (S. 82) populärste Bildschöpfung um 1900 war »Die Sünde« von Franz Stuck. 1893 erregte eine der ersten Fassungen auf der Münchner Sezessionsausstellung großes Aufsehen, bis 1912 hat Stuck das einprägsame Bild mehrfach variiert wiederholt: Aus grünlichem Dunkel scheint der nackte Oberkörper einer Frau, seine Helligkeit wird durch das lange, dunkle Haar noch betont, und gleich einer prächtigen Stola windet sich eine blau gemusterte Schlange in großem Bogen um sie. Von der Schulter der Frau starrt sie den Betrachter ebenso unergründlich an wie diese. Über das schillernde Motiv gibt es eine eher konventionelle Notiz Stucks auf einer seiner Zeichnungen: »Die Sünde / Saugend mit glühenden Augen / weißen Brüsten wollüstig strotzend / saugend mit glühenden Augen / lockt das nackte Weib zur Verführung, / aber gleich daneben neben dem lockenden / Antlitz, züngelt die giftige Schlange.« Eine vorbereitende Radierung von 1891 hat Stuck »Die Sinnlichkeit« genannt. Mehrere Ausführungen der »Sünde« besitzen einen antikisierenden, vergoldeten Rahmen nach einem Entwurf von Stuck: eine Ädikula mit kannelierten Halbsäulen rechts und links und dem groß und deutlich eingeschnittenen Titel am Grund. Der Rahmen unterstreicht das gesucht Bedeutungsvolle des Motivs.
AW

Walter Leistikow (1865–1908)

Grunewaldsee, 1895
Öl auf Leinwand, 167 x 252 cm
Erworben 1898 als Stiftung von
Richard Israel

»Es ist Leistikows unvergänglicher Verdienst – und er wird es bleiben –, den Stil gefunden zu haben für die Darstellung der melancholischen Reize der Umgebung Berlins. Die Seen des Grunewald oder an der Oberspree sehen wir mit seinen Augen; er hat uns ihre Schönheit sehn gelehrt«, würdigte Max Liebermann das Werk des Freundes in seiner Gedächtnisrede. Zehn Jahre lang hatten sie gemeinsam der Berliner Secession vorgestanden, deren Gründung nach der Zurückweisung des »Grunewaldsee« von der Großen Berliner Kunstausstellung 1898 erfolgte. Unter vielen Werken ähnlicher Thematik ist dieses Bild das gültigste. Die großflächige, klare Gestaltung, in der die dunklen Schattenformen des Waldes gegen den gelborangefarbenen Abendhimmel stehen und sich im Wasser wiederholen, bewirkt die Steigerung zu einer großen Landschaft an sich. Der ungewöhnliche Anschnitt und die ausdrucksvolle Linienführung sind von japanischen Farbholzschnitten beeinflußt, die Leistikow erstmals während seiner Paris-Reise 1893 bewunderte. Die deutlich konturierte Form und der starke Kontrast erinnern an Munch, dessen »kühne Farbsymphonien« Leistikow sofort nach dessen Ausstellungsskandal Ende 1892 in der »Freien Bühne« verteidigt hatte. Leistikows großer »Grunewaldsee« zeigt die besten Möglichkeiten des Malers. Er vermeidet die dekorative Vereinfachung mancher seiner Bilder und geht über ein Abbild topographisch bestimmbarer Orte vertiefend hinaus.

AW

Lovis Corinth (1858–1925)

Familie Rumpf, 1901
Öl auf Leinwand, 113 x 140 cm
Erworben 1927

Das Gruppenporträt der Familie des Malerfreundes Fritz Rumpf entstand kurz nach Corinths Umzug nach Berlin. Die einzelnen Personen sind, ohne einen Handlungszusammenhang zu

konstituieren, jeweils für sich gesehen. Was sie zusammenhält, ist die Farbordnung des Bildes, die auch die Lichtregie in Dienst nimmt und von der Wiedergabe einer realistischen Beleuchtung weit entfernt ist. So wird die Gegenlichtsituation, wie sie in den schattenrißartigen Profilfiguren am linken Bildrand anklingt, im lichtdurchfluteten Farbrausch der beiden Kinder übertönt. An ihnen entfacht sich ein Feuerwerk der Farben, das die gesamte Rotskala entfaltet und im orangeroten Oberteil der Mutter zur Ruhe kommt, die der Bewegungssuggestion der von links ins Bildfeld tretenden Figuren Halt gebend antwortet. Das Weiß des großen querrechteckigen Fensters findet im Vordergrund einen Reflex in der sitzenden Halbfigur des Knaben, der in der Schattenfigur des am rechten unteren Bildrand auftauchenden Jungen mit Papagei ein rätselhaftes Pendant hat. Der Pinselduktus, der sich nicht mehr auf die gegenständliche Bestimmung des Gegenstandes einläßt, und die im Medium der Farbe aufgelöste Gegensätzlichkeit von Licht und Schatten binden die Bildfiguren ein in ein prozeßhaftes Geschehen, das die zufällige räumliche Konstellation transzendiert und zum Gleichnis psychischer Zusammenhänge wird. *AB*

Lovis Corinth (1858–1925)

Donna gravida, 1909
Öl auf Leinwand, 95 x 79 cm
Erworben 1916

Das Porträt von Corinths schwangerer Frau steht in einer langen Reihe von Darstellungen, die Charlotte Berend als Geliebte, Frau, Mutter, in allegorischer Verkleidung oder als Rollenporträt zeigen. Mit der hier formulierten Absage an die Salonmalerei und dem Verzicht auf die Pathosformeln der Malerei führt der mittlerweile zum Porträtisten der Berliner Gesellschaft aufgestiegene Künstler weit über den spontanen Seheindruck hinaus. Der leicht nach links fallende Kopf mit den weichen Gesichtszügen, den fragenden Augen, dem geöffneten Mund, die in den Raum expandierende Körperlichkeit, die die Umrisse des Leibes auflöst, der durch die geöffnete Bluse freigegebene Blick auf das zarte Inkarnat der Brust, die Resonanz der Kleidung im Vorhangmotiv des Hintergrundes, die zarte Andeutung des Sitzmotivs und schließlich das Zusammenspiel der zerfließenden und der zugreifenden Hand, die dem Empfänglichen der Erscheinung Entschlossenheit hinzufügen, verdichten sich zum Audruck des ›physischen Selbst‹. Die Sensibilität, mit der Corinth den weiblichen Körper in seiner Kondition erfaßt hat, zeigt den Künstler auf dem Höhepunkt der Porträtkunst seiner Zeit.
Das Bild war das erste von Corinth, das Ludwig Justi 1916 für die Nationalgalerie erwarb. *AB*

Lovis Corinth (1858–1925)

Frau mit Rosenhut, 1912
Öl auf Leinwand, 60 x 50 cm
Erworben 1952

Als eines der ersten Bilder, die Corinth nach seinem Schlaganfall während eines Urlaubs an der italienischen Riviera malte, fasziniert das Bild durch die Distanzlosigkeit, mit der sich der Künstler der Dargestellten ohne Rücksicht auf die Verzerrung der Gesichtszüge in leichter Schräg- und Untersicht nähert. Der große, rosengeschmückte Hut fängt die Bewegung von Kopf und Blick auf und führt sie ellipsenförmig über die Bildgrenzen hinaus. Die expressive Pinselschrift, die im Brustausschnitt über das Gegenständliche hinweghuscht, gewinnt in Höhe des Kopfes Artikulationskraft. In ihrer Affinität zum Licht schafft die Farbe ein anschauliches Klima, das das existenzbedrohende Dunkel verbannt. *AB*

Max Slevogt (1868–1932)

Der Sänger Francisco d'Andrade
als Don Giovanni in Mozarts Oper
(Der rote d'Andrade), 1912
Öl auf Leinwand,
210 x 170 cm
Erworben 1913

Anläßlich des dreißigjährigen Bühnenjubiläums entstand das Bild, das Don Giovanni nachts auf dem Friedhof die Grabstatue des Komturs zum Gastmahl ladend zeigt. Der Ausdruckseinheit von Porträt und Rollenbild des sofort begeistert aufgenommenen »Weißen d'Andrade« stellt der zehn Jahre später entstandene »Rote d'Andrade« die szenische Gesamtwirkung gegenüber, die, durch den großzügigen Flächenrhythmus und die effektvolle Farbigkeit, der Titelrolle etwas unkörperlich Schwebendes mitteilt. *AB*

Lovis Corinth (1858–1925)

Der geblendete Simson, 1912
Öl auf Leinwand, 130 x 105 cm
Erworben 1980

Mit einer Gewalt, die die Bildgrenzen zu sprengen droht, stürzt der Geblendete dem Betrachter entgegen. Die heroische Nacktheit, das ergrimmte, blutüberströmte Gesicht und der fesselnsprengende Griff verdichten sich zu einer Schreckensgebärde. Am Bild des »Geweihten Gottes«, der das menschliche Geschlecht durch seine Kraft überragte, hatte sich die Imagination der Künstler seit dem Mittelalter entzündet: als Präfiguration Christi, als Parallele zu Herkules, als Bild der Tragödie des heroischen Menschen, der seine ungehemmte Sinnlichkeit mit dem Verlust des Augenlichts bezahlt. »Der geblendete Simson« ist die dritte und letzte Darstellung Corinths, die sich angesichts der eigenen Todesbedrohung durch den im Dezember 1911 erlittenen Schlaganfall aus der Genretradition und dem Bann des großen Vorbilds Rembrandt löst. Im Bild des drohenden Befreiungsaktes, der Simson und seine Feinde zugrunde richten wird, wird die Malerei zum Drama, das Leben und Tod verhandelt. *AB*

Lovis Corinth (1858–1925)

Rüstungsteile im Atelier, 1918
Öl auf Leinwand, 97 x 82 cm
Erworben 1992 aus Mitteln der Spende Dr. Otto und Ilse Augustin

Mit expressiv formauflösender Geste und mit breit eingesetztem Pinsel wirft Corinth die Rüstungsteile hin, zerfahren und zerschmettert. Sie mögen als Metapher verlorener Wehrhaftigkeit nicht nur in jenen Jahren des zu Ende gehenden Ersten Weltkrieges höchst bedeutungsträchtig erschienen sein, sondern sie wirken als Frage an die begrenzte Wirksamkeit jeglicher Panzerung – auch im übertragenen Sinne – irritierend. Doch der nunmehr sechzigjährige, lebenserfahrene Lovis Corinth faßt sein scheinbar zufällig aufgefundenes Motiv – es gehört allerdings zu einer Reihe ähnlicher Bilder mit Rüstungen – nicht vordergründig illustrativ auf, etwa als Metapher der Kriegserfahrung oder als Sinnbild persönlichen Scheiterns. Vielmehr behandelt er die graue, an Farbreflexen und Nuancen so überaus reiche Metalloberfläche in erster Linie als rein malerisches Problem; er umfährt malend die Rundungen, spielt mit Glanzlichtern und Schatten und krönt das Bild, das sich vor den Augen des Betrachters diffus auflöst, durch ferne blutrote Farbakzente. *BM*

Max Beckmann (1884–1950)

Unterhaltung, 1908
Öl auf Leinwand, 177 x 168,5 cm
Erworben 1963 aus Mitteln der Stiftung Deutsche Klassenlotterie

Vom Dunkel des Hintergrundes aus blickt Beckmann auf seine schwangere Frau, ihre sitzende Mutter und die am rechten Bildrand stehende Schwester. Die Isolation der Figuren läßt das Bild nicht zum Konversationsstück, sondern zu einer schlaglichtartig beleuchteten Pantomime mit Haupt- und Nebenakteuren werden. Diese Unterhaltung wirkt wie ein Gegenbild zur Sterbeszene von 1906, mag zugleich aber wegen der Altersunterschiede der Dargestellten als Anklang an die traditionelle Ikonographie der Lebensalter verstanden sein. Dies würde den sinnenden Ausdruck der Mutter erklären, die über Werden und Vergehen, Geburt und Tod reflektiert. Die existentielle Dimension und der spannungsvolle Aufbau mit großen Leerräumen und Verdichtungen wird späterhin zu einem Charakteristikum der Kunst Max Beckmanns.

BM

Max Beckmann (1884–1950)

Kleine Sterbeszene, 1906
Öl auf Leinwand, 110 x 71 cm
Erworben 1952

Vor der Unfaßbarkeit des Todes reglos erstarrt, haben sich die Trauernden im Vorraum eingefunden, fahl, beziehungslos, in dunkle Gewänder gekleidet. Das Totenbett steht in der angrenzenden Kammer, nur dort gibt es Klagegesten. Im Jahr 1906 starb Beckmanns Mutter.

Beckmann kehrt mit dem Bildpaar »Geburt« und »Tod« (1936/37) in der Neuen Nationalgalerie zu den Grundfragen der menschlichen Existenz zurück, dort jedoch mit weit moderneren Mitteln. Symbolhaft kündet die Sterbeszene vom Ende des 19. Jahrhunderts; hier schließt der Rundgang durch die Alte Nationalgalerie und geht über zur klassischen Moderne mit Munch und den Expressionisten in der Neuen Nationalgalerie. *BM*

Literatur zur Geschichte der Nationalgalerie

Max Jordan: Beschreibendes Verzeichnis der Kunstwerke in der Königlichen National-Galerie zu Berlin, Berlin 1876 (und spätere Auflagen)

(Hugo von Tschudi:) Verzeichnis der Gemälde und Skulpturen in der Königlichen National-Galerie zu Berlin, Berlin 1908 (und spätere Auflagen)

Ludwig Justi: Deutsche Malkunst im neunzehnten Jahrhundert. Ein Führer durch die Nationalgalerie, Berlin 1920

Kurt Karl Eberlein: Vorgeschichte und Entstehung der Nationalgalerie, in: Jahrbuch der Preußischen Kunstsammlungen 51, 1930, S. 250–261

Paul Ortwin Rave: Die Geschichte der Nationalgalerie, Berlin 1968

Verzeichnis der Gemälde und Skulpturen des 19. Jahrhunderts, Nationalgalerie Berlin, Staatliche Museen Preußischer Kulturbesitz, Berlin 1976

Claude Keisch: Die Sammlung Wagener. Aus der Vorgeschichte der Nationalgalerie, Berlin 1976

Dieter Honisch: Die Nationalgalerie Berlin, Recklinghausen 1979

Staatliche Musen zu Berlin, Nationalgalerie. Die Gemälde der Nationalgalerie, Verzeichnis: Deutsche Malerei vom Klassizismus bis zum Impressionismus, Ausländische Malerei von 1800 bis 1930, Berlin 1986

Christopher With: The Prussian Landeskunstkommission 1862–1911. A Study in State Subvention of the Arts, Berlin 1986

Peter Krieger: Galerie der Romantik. Nationalgalerie, Berlin 1986

Jörn Grabowski: Die politische und kunstpolitische Konzeption der Nationalgalerie, behandelt anhand der Erwerbungen historischer Darstellungen 1861–1896, Phil. Diss., Berlin 1990

Barbara Paul: Hugo von Tschudi und die moderne französische Kunst im Deutschen Kaiserreich, Mainz 1993

Jörn Grabowski: Die Nationale Bildnis-Sammlung. Zur Geschichte der ersten Nebenabteilung der Nationalgalerie, in: Jahrbuch Preußischer Kulturbesitz 31, 1994, S. 297–322

Johann Georg Prinz von Hohenzollern, Peter-Klaus Schuster (Hrsg.): Manet bis van Gogh. Hugo von Tschudi und der Kampf um die Moderne, Berlin/München 1996

Hartmut Dorgerloh: Die Nationalgalerie. Zur Geschichte des Gebäudes auf der Museumsinsel 1841–1970, Phil. Diss., Berlin 1997

Claudia Rückert, Sven Kuhrau (Hrsg.): »Der Deutschen Kunst«. Nationalgalerie und nationale Identität 1876–1998, Dresden 1998

Bernhard Maaz: Alte Nationalgalerie (=Berliner Ansichten), Berlin 1999

Nationalgalerie. Gesamtverzeichnis der Gemälde und Skulpturen. Staatliche Museen zu Berlin, CD-ROM, Berlin 2001

Peter-Klaus Schuster (Hrsg.): Die Nationalgalerie, Köln 2001

Angelika Wesenberg/ Eve Förschl (Hrsg.): Nationalgalerie Berlin. Das XIX. Jahrhundert. Katalog der ausgestellten Werke

Bernhard Maaz (Hrsg.): Die Friedrichswerdersche Kirche. Schinkels Werk, Wirkung und Welt, Berlin 2001

Bernhard Maaz (Hrsg.): Die Alte Nationalgalerie. Geschichte, Bau und Umbau, Berlin 2001

Staatliche Museen zu Berlin (Hrsg.): Die neue Alte Nationalgalerie. Feierliche Wiedereröffnung am 2. Dezember 2001

Künstlerregister

3. Ausstellungsgeschoß
3.01 Schadow und die Kunst um 1800
3.02 Wandbilder aus der Casa Bartholdy
3.03, 3.04 Goethezeit
3.05 Karl Friedrich Schinkel
3.06 Caspar David Friedrich
3.07 Carl Bleichen
3.08–3.13 Romantik, Biedermeier, Düsseldorfer Schule
3.14 Nazarener
3.15 Peter Cornelius, Kartons

2. Ausstellungsgeschoß
2.01 Neubarocke Skulpturen
2.02 Deutschrömer
2.03 Französische Impressionisten
2.04 Wechselausstellungen
2.05, 2.06 Deutschrömer
2.07, 2.08 Wilhelm Leibl und sein Kreis
2.09–2.12 Realismus in Deutschland
2.13 Max Liebermann, Fritz von Uhde
2.14 Münchner Malerei
2.15 Historienmalerei und Salonidealismus

1. Ausstellungsgeschoß
1.01 Klassizistische Skulpturen
1.02, 1.03 Realismus zwischen Constable und Courbet
1.04 Realismus in Deutschland und Österreich
1.04a Geschichte der Nationalgalerie
1.05 Adolph Menzel
1.06 Adolph Menzel, Franz Krüger
1.07 Wechselausstellungen
1.08–1.12 Adolph Menzel
1.13, 1.14 Kunst der Gründerzeit
1.15, 1.16 Secessionen und Jahrhundertwende

Sockelgeschoß
Museumsshop
Espressobar
Information
Toiletten
Behindertenzugang